Dieter Schulz

DAS INOFFIZIELLE PAY-TV BUCH

D1665666

Dieter Schulz

DAS INOFFIZIELLE
PAY-TV BUCH

Mit 101 Abbildungen

FRANZIS

Bibliografische Information der Deutschen Bibliothek

Die Deutsche Bibliothek verzeichnet diese Publikation in der Deutschen Nationalbibliografie; detaillierte Daten sind im Internet über **http://dnb.ddb.de** abrufbar.

Hinweis

Alle Angaben in diesem Buch wurden vom Autor mit größter Sorgfalt erarbeitet bzw. zusammengestellt und unter Einschaltung wirksamer Kontrollmaßnahmen reproduziert. Trotzdem sind Fehler nicht ganz auszuschließen. Der Verlag und der Autor sehen sich deshalb gezwungen, darauf hinzuweisen, dass sie weder eine Garantie noch die juristische Verantwortung oder irgendeine Haftung für Folgen, die auf fehlerhafte Angaben zurückgehen, übernehmen können. Für die Mitteilung etwaiger Fehler sind Verlag und Autor jederzeit dankbar.

Internetadressen oder Versionsnummern stellen den bei Redaktionsschluss verfügbaren Informationsstand dar. Verlag und Autor übernehmen keinerlei Verantwortung oder Haftung für Veränderungen, die sich aus nicht von ihnen zu vertretenden Umständen ergeben. Evtl. beigefügte oder zum Download angebotene Dateien und Informationen dienen ausschließlich der nicht gewerblichen Nutzung. Eine gewerbliche Nutzung ist nur mit Zustimmung des Lizenzinhabers möglich.

Herausgeber: Ulrich Dorn
Satz: G&U Language & Publishing Services GmbH, Flensburg
art & design: www.ideehoch2.de
Druck: Bercker, 47623 Kevelaer
Printed in Germany

ISBN 978-3-7723-**4315-5**

Vorwort

Dieses Buch kann und vor allem darf nur Grundlegendes zum Thema vermitteln. Es enthält wertvolle technische Daten und Fakten zu Dekodier-Modulen, Smartcards, Programmiergeräten und mehr.

Der Verlag und der Autor weisen ausdrücklich darauf hin, dass es strafbar ist, den Verschlüsselungscode aus einer Smartcard auszulesen und diesen in Blanko-Smartcards zu kopieren.

Es wird ausdrücklich darauf hingewiesen, das der Empfang ausländischer Pay-TV-Programme ohne Abonnement illegal ist. Auch wenn diese Programme über die SAT-Schüssel verschlüsselt empfangen, werden können, dürfen für diese Sender in Deutschland keine Abonnements angeboten und verkauft werden.

Wer die in diesem Buch dargestellten Informationen dazu nutzen sollte, kostenpflichtige TV-Programme unentgeltlich zu empfangen macht sich strafbar.

1 Warum verschlüsselte Übertragung?

Es gibt verschiedene Gründe, weshalb TV- und Radioprogramme verschlüsselt übertragen werden. Während staatliche Sendeanstalten über die Rundfunkgebühr ein sicheres Einkommen haben, müssen private Veranstalter selbst sehen, wie sie zu ihrem Geld kommen. Der eine Weg ist, die Programme durch Werbung zu finanzieren. Der andere, darauf zu verzichten und ausgewählte Inhalte gegen Gebühr zu offerieren. Während die Rundfunkgebühr ein staatlich verordnetes Zwangsentgelt ist, zahlt der Zuseher freiwillig an Privatveranstalter. Wären die Sender frei zu empfangen, würde wohl keiner dafür Geld bezahlen. Um das zu verhindern, werden die Signale verschlüsselt. Nur Abonnenten erhalten eine Zugangsberechtigung in Form einer Smartcard, die mit geeignetem Receiver und/oder Modul die Programme sichtbar machen.

1.1   Nicht alle verschlüsselten Sender sind Pay-TV

Immer wieder werden Programme auch aus urheberrechtlichen Gründen über Satellit codiert. Davon machen vor allem kleinere staatliche Anstalten, wie etwa die schweizerische SRG oder der österreichische ORF Gebrauch. In der Regel besitzen die Sender für zugekauften Content nur die Ausstrahlungsrechte für das eigene Land. Davon betroffen sind nicht nur Serien, Spielfilme und Sportveranstaltungen, sondern auch einzelne Bilder in den Nachrichtensendungen. Würden diese Sender über Satellit frei empfangbar senden, müssten sie die Übertragungsrechte für ganz Europa erwerben. Diese Kosten würde das Budget vieler Anstalten bei weitem sprengen. Außerdem verkaufen die Urheberrechtsinhaber ihre Inhalte umso öfter, je mehr abgegrenzte Märkte es gibt. Damit lässt sich auch mehr verdienen, als wenn man etwa nur einmal die Übertragungsrechte für Europa verkaufen würde.

In der Vergangenheit kam es regelmäßig zu Konflikten, wenn etwa herausragende Sportevents in einem Land nur im Pay-TV angeboten wurden, während sie ein anderes Land im Free-TV, mitunter sogar über den gleichen Satelliten, sendeten.

Werden Programme als Pay-TV vermarktet oder sind sie aus urheberrechtlichen Gründen über Satellit verschlüsselt, hat der Zuseher im Zielgebiet uneingeschränkten Zugang zu diesen Sendern. Wohnt er außerhalb, hat er Pech gehabt. So ist es etwa den Deutsch sprechenden Südtirolern (Italien) nicht gestattet, ein Premiere-Abo abschließen zu dürfen.

Klassische geschlossene Benutzergruppern

Programme werden auch verschlüsselt, um den Individualzugang über Satellit gänzlich zu unterbinden. Dazu zählen zum Beispiel Signalzuspielungen, wie etwa die digitalen Programmpakete des Kabelnetz-Betreibers Kabel Deutschland. Er überträgt sein digitales Angebot auf Astra 23,5° Ost ausschließlich zur Signalzuführung zu den einzelnen Kabel-Kopfstationen. Satellitenkunden können das Paket nicht abonnieren.

Zu den klassischen geschlossenen Benutzergruppen zählen auch die Fernsehprogramme für die britischen (BFBS) und US-Streitkräfte (AFRTS). Besonders die Amerikaner nutzen die Verschlüsselung ihres weltweit umspannenden Networks für mehr als nur Truppenbetreuung. So werden innerhalb des genutzten PowerVU-Systems verschiedene Berechtigungen vergeben. Der einfache Soldat hat nur eine niedrige, Generäle eine sehr hohe. Im Krisenfalle besteht so die Möglichkeit, anstatt des TV-Programms spezielle Informationen zu übertragen, die nur für die Kriegsherren gedacht sind.

Häufig codierte Video-Überspielungsleitungen

Nicht vergessen wollen wir auch die häufig codierten Video-Überspielungsleitungen. Sie werden zum Teil nicht nur verschlüsselt, sondern häufig auch in der DVB-S-Norm 4.2.2 übertragen. Diese Norm kann kaum von einem im freien Handel erhältlichen Digital-Receiver verarbeitet werden. Zu den Ausnahmen zählen die alten, nur in MPEG-2-Norm arbeitenden HDTV-Boxen von QualiTV.

1.2 Codierung schon zu analogen Zeiten ein Thema

Die Verschlüsselung von Programmen ist keine Erfindung des digitalen Satellitenfernsehens. Seit über Satellit TV-Programme übertragen werden, ist sie ein Thema.

Erste Sender, wie BBC, FilmNet oder TeleClub verschlüsselten schon sehr früh. Die analogen Verschlüsselungssysteme galten aber alles andere als sicher. Ende der 80er-, Anfang der 90er-Jahre des letzten Jahrhunderts war es noch ungemein schwieriger, Pay-TV-Programme ohne abgeschlossenes Abonnement zu empfangen. Damals mussten eigene Decoder erworben werden, die an den Sat-Receiver anzuschließen waren. Dieser war für die verschiedenen Decoder mitunter sogar umzubauen. Im deutschen Sprachraum waren zu der Zeit die sogenannten Haas-Multifilter bekannt.

Je nach Ausstattung entschlüsselten sie ein bis vier Programme. Der Preis für einen reinen TeleClub-Decoder lag bei rund € 650. Wollte man zusätzlich auch

FilmNet, BBC und RAI sehen, wurden mehr als € 1.300 fällig. Bei TeleClub wurden die Codes etwa vierteljährlich gewechselt. Danach musste man den Decoder zum Neuprogrammieren einschicken und bekam ihn mitunter erst nach einem Monat wieder zurück. Die Updates kosteten abermals je rund € 70.

Welche Gründe gab es damals, ausländische verschlüsselte Programme zu empfangen? Angesichts der hohen Kosten lag der besondere Reiz dieser Programme darin, dass sie zum Teil auf normalem Wege gar nicht zugänglich waren. Im Fall TeleClub funktionierte der alternative Decoder sogar zuverlässiger als der, der direkt vom Sender vertrieben wurde. Das wurde sogar von TeleClub-Mitarbeitern bestätigt.

1.3 Warum codierte Sender auf Umwegen ansehen?

Das legal verfügbare Angebot an codierten Sendern, zum Beispiel in Deutschland, ist begrenzt. Im Wesentlichen gibt es nur Premiere, Arena und verschiedene international vermarktete Erotikkanäle. Interessiert man sich für ausländisches Pay-TV, hat man das Nachsehen. Gerade diese Sender können aber interessant sein. Einmal, weil man vielleicht von dort stammt und einfach Programme in der Muttersprache sehen möchte, oder weil gerade sie wesentlich häufiger auch den englischen Originalton bieten als deutsche Stationen.

> **VORSICHT!**
>
> **Vorsicht Illegalität!**
>
> Hat man legal keine Chance, an interessante ausländische Angebote zu kommen, wird man in die Illegalität gedrängt.

Traditionelle »Inlandsprogramme« verschiedener Länder sind etwa dann interessant, wenn man einen Bezug zu einem bestimmten Land hat oder man sich gezielt über andere Weltregionen informieren möchte. Hier können klassische, primär auf Unterhaltung ausgerichtete Pay-TV-Pakete nicht dienen. Sind diese Programme verschlüsselt, ist man von ihnen ausgesperrt.

Ein häufiges Argument für den illegalen Empfang ist im Sammlertrieb begründet. Viele Freaks haben ihre Freude daran, fremde codierte Sender überhaupt sehen zu können. Eine aktive Nutzung der gesendeten Inhalte steht dabei im Hintergrund.

1.4 Internationale Programme oft auch frei verfügbar

Premiere bietet unter anderem auch ausländische Sender an. Sie werden verschlüsselt über Astra 23,5° Ost ausgestrahlt. Die meisten dieser gegen Gebühr angebotenen Sender gibt es auf anderen Satelliten auch unverschlüsselt zu sehen. Möchte man etwa die italienischen RAI-Programme empfangen, gibt es einen sehr einfachen Weg, wie man das Abo umgehen kann.

Abo umgehen und Sat-Antenne aufrüsten

Man rüstet die Sat-Antenne für Zweisatelliten-Empfang auf (das wäre ohnehin vonnöten). Anstatt der zweiten Astra-Position auf 23,5° Ost nimmt man HotBird auf 13° Ost ins Visier. Hier kann man RAI 1 bis 3 unverschlüsselt empfangen. Dazu gibt es rund 60 weitere TV-Sender aus Italien. Auch frei empfangbar. Also ganz legal und ohne ein Abo abschließen zu müssen.

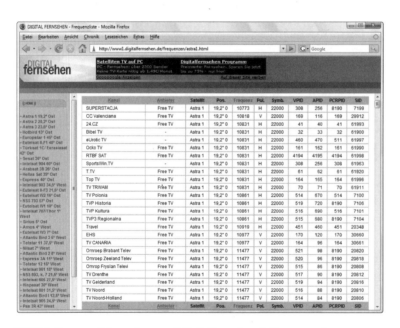

Bild 1.1 Frequenzlisten unter *www1.digitalfernsehen.de/frequenzen/*

Bevor man sich Gedanken macht, wie man sich Zugang zu bestimmten verschlüsselten Sendern verschaffen kann, sollte man deshalb zuerst in Frequenzlisten stöbern, ob sie nicht auf anderen Satelliten auch unverschlüsselt zu bekommen sind.

1.5 Was heißt hier alternativ fernsehen?

Wer sich Zugang zu verschlüsselten Programmen verschaffen will, findet die erforderliche Hardware wie Module, Karten und Programmiergeräte im Internet. Dort kann man auch nach den benötigten Files suchen und fündig werden, auch wenn das Ganze illegal ist.

HINWEIS!

Rechtlicher Hinweis

Es wird ausdrücklich darauf hingewiesen, dass der Empfang ausländischer Pay-TV-Programme ohne Abonnement illegal ist. Auch wenn diese Programme über die SAT-Schüssel verschlüsselt empfangen werden können, dürfen für diese Sender in Deutschland keine Abonnements angeboten und verkauft werden.

Ausländisches Pay-TV sehen

Um ausländisches Pay-TV sehen zu können, braucht man nicht unbedingt eine frei programmierbare Karte. Zum Teil bieten verschiedene Händler auch ausländische Abos in Deutschland an. Sie werden über Mittelspersonen oder Scheinadressen abgeschlossen. Für ein Einjahres-Abo wird mitunter ein Vielfaches der offiziellen Pay-TV-Gebühren verlangt. Preise um € 1.500 und mehr sind dabei keine Ausnahme.

VORSICHT!

Vorsicht – rechtliche Grauzone!

Da solche Abos je nach Auslegung sich entweder in der rechtlichen Grauzone bewegen, beziehungsweise illegal sind, hat man keine Rechte. Kündigt der Mittelsmann des Händlers das Abo, nachdem man die »Jahresgebühr« im Voraus überwiesen hat, ist das Geld weg. Da diese Händler mitunter ebenfalls im Ausland ansässig sind, sind sie im Streitfalle so gut wie nicht greifbar.

2 TV-Piraterie im Fokus

Betrachtet man den deutschen Markt, ist der Zugang zum großen deutschen Pay-TV-Anbieter ohne ein Abo abschließen zu müssen immer wieder heiß begehrt. Bis Spätsommer 2006 ging es den Interessenten einfach nur darum, dass ihnen die Abogebühren einfach zu hoch waren. Unter diesen Voraussetzungen war alternativer Premiere-Empfang, soweit er gerade mal möglich war, preislich durchaus attraktiv.

Inzwischen hat Premiere aber eine äußerst wirkungsvolle Strategie in die Tat umgesetzt, um der Fernseh-Piraterie Einhalt zu gebieten. Der Pay-Veranstalter hat nicht noch weiter an der Verschlüsselung gefeilt, sondern hat seine bestellbaren Pakete neu sortiert und die Preise drastisch gesenkt. Waren früher zum Beispiel die Spielfilmsender nur für mehr als € 20 zu bekommen, bezahlt man heute nur noch € 9,99. Damit kostet etwa ein Spielfilm-Jahresabo bei Premiere im Jahr nur noch rund € 120. Einwandfreier Empfang rund um die Uhr 365 Tage im Jahr gewährleistet. Inoffizieller Premiere-Empfang ist heute nach wie vor immer wieder möglich. Je nachdem, welches Modul oder Karte gerade dafür supportet wird, ist aber immer wieder unterschiedliche Hardware erforderlich.

2.1 Glücksspiel Fernseh-Piraterie

Alleine für gegenwärtig passende Module muss man rund € 100 bis € 150 veranschlagen. Im gleichen Rahmen bewegen sich auch diverse, erst zu beschreibende alternative Smartcards. Hat man zum Beispiel € 130 für ein Modul investiert, macht das etwa genauso viel aus wie ein Ein-Paket-Premiere-Abo. Die dazu passende Karte kann noch mal mehr als € 100 kosten. Womit man schon die Jahresgebühr für zwei Pakete auf den Tisch legen muss. Hinzu kommt, dass man nie weiß, für wie lange man mit dem Piraten-Equipment zusehen kann.

Kaufte man sich etwa Ende 2005 ein passendes Modul mit zugehöriger Karte, musste man über € 200 auslegen. Damit konnte man etwa ein halbes Jahr alternativ die begehrten Sender ansehen. Dann wurde es auf dem Bildschirm finster, und es blieb finster. Erst etwa Ende Dezember 2006 wurde es wieder möglich, mit dem Modul etwas zu sehen.

Premiere gilt schon seit Langem als geknackt. Um ohne Abo am Ball zu bleiben, musste man sich jedoch städig neues Equipment für teures Geld zulegen. Rechnet man die dafür erforderlichen Ausgaben zusammmen, hat man pro Jahr etwa das Gleiche ausgegeben, was man für ein legales Abo hätte bezahlen müssen. Ob sich unter diesen Voraussetzungen die Premiere-Piraterie rechnet, ist also zu bezweifeln.

Da man zudem nie weiß, ob man die zweite Halbzeit des gerade übertragenen Fußballspiels noch erleben wird, sind Piratenkarten wohl kaum das, was für den Einsatz im Familienbereich taugt. Unabhängig davon werden die Codes immer wieder geändert, womit man die Karte neu programmieren muss. Allerdings weiß man nach einem Codewechsel nie, ob und wann man für das vorhandene Equipment überhaupt noch einmal die erforderlichen Files bekommt.

Es kann sogar noch dicker kommen. Man bestellt sich heute Modul, Karte und das dafür erforderliche Programmier-Equipment für realistische € 300. Selbst wenn diese Teile jetzt gerade noch in allen einschlägigen Foren in den Himmel gelobt werden, können sie schon Schnee von gestern sein, wenn der Postbote das ersehnte Päckchen liefert. Wurde während der Wartezeit zwischen Bestellung und Lieferung der Support eingestellt, etwa weil es inzwischen einen größeren Codewechsel gegeben hat, hätte man das Geld auch gleich zum Fenster rauswerfen können. Dieses Beispiel ist nicht an den Haaren herbeigezogen. Dieses Risiko hat man immer und jederzeit, wenn man ohne Abo fernsieht.

Fernseh-Piraterie ist im Grunde nichts anderes als Glücksspiel: Gewinnen tut man dabei nie!

Freie Sicht meist nur für einen Tag

Ausländische Pay-Anbieter gehen gegen Piraten wesentlich restriktiver vor, als man das bislang von deutschsprachigen Anbietern gewohnt ist. Sie wechseln ihre Codes mitunter alle 24 Stunden zu Mitternacht oder sogar noch öfter. Werden diverse Hacker-Karten und -Module gut supportet, stehen die neuen Files häufig schon gegen 00:30 Uhr im Internet bereit. Der Eingeweihte kann sie downloaden, sein Equipment neu beschreiben und wieder einen Tag zusehen. Eines darf er aber nicht voraussetzen: dass es diesen Support »morgen« auch noch gibt. Geht der Hacker, der die Files im Internet bereitstellt, in Urlaub oder verliert einfach die Lust an seinem Job, hat man kein Recht auf Schadensbegrenzung oder sonst irgendwas.

In der Vergangenheit war es auch immer wieder so, dass Gruppen ein neues CAM oder eine neue Karte herausgebracht haben, auf der exklusiv bestimmte codierte Angebote geknackt werden konnten. Wollte man die Sender sehen, musste man tief in die Tasche greifen. Solange der Verkauf dieser Karten (oder Module) gut lief, wurden sie gut supportet.

Nachdem eine Marktsättigung eingetreten war, wurde der Support immer schleppender und immer seltener gab es für das Equipment passende Files.

Inzwischen sind neue Karten oder CAMs herausgekommen, die häufig nur geringfügige Modifikationen der alten Komponenten sind. Nun werden sie für teures Geld angeboten und laufend aktuelle Files geboten. Und so weiter …

Hier ist das offizielle Abo zuverlässiger und preiswerter

Da man nie weiß, ob ein selbst herbeigeschaffter Zugang in zehn Minuten noch funktioniert, kann er ein offizielles Abo nicht ersetzen. Im Fall Premiere ist zudem zu sagen, dass ein abgeschlossenes Abo nicht nur zuverlässigen Empfang garantiert, sondern auch preiswerter ist.

Wie lange laufen selbst programmierte Karten?

Diese Frage kann niemand beantworten. Läuft einmal eine selbst programmierte Karte, weiß man, dass sie JETZT funktioniert. Ob das auch noch in 5 Minuten der Fall sein wird, steht in den Sternen.

So gesehen ist das Risiko beim alternativen TV-Empfang sehr groß, dass man schon sehr bald vor einem schwarzen Bildschirm sitzt.

Die Sicherheit, die ein offizielles Abo bietet, ist bei dieser Art von Zugängen zu verschlüsselten Programmen nicht einmal im Ansatz gegeben.

Premiere: Kampf gegen Hacker?

Im April 2008 sorgte die Meldung für Aufregung, dass der deutsche Pay-TV-Anbieter Premiere sein Angebot künftig in einer neuen Verschlüsselung, nämlich dem bislang als sicher geltenden VideoGuard anbieten werde. Mit der schrittweisen Umstellung wurde bereits im zweiten Quartal 2008 begonnen, sie soll bis 2012 abgeschlossen sein. Parallel dazu kommt eine verbesserte Version der Nagravision-Codierung zum Einsatz. Mit dem Nagra-Update wird auf alle originalen Premiere-Boxen eine neue Software aufgespielt sowie ein Karten-Tausch vorgenommen.

Das alles hört sich nach Endzeitstimmung an – aber ist es das wirklich? Zum einen bleibt die Nagravision-Codierung noch für einige Jahre erhalten. Wie die Vergangenheit gezeigt hat, haben bislang findige Hacker noch immer einen Umgehungsweg gefunden. Weshalb also nicht auch nach dem Nagra-Kartentausch? Hinzu kommt, dass sich Premiere bereits seit Ende 2007 der Multicrypt-Technologie geöffnet hat. So wird etwa das Premiere-Thema-Paket nicht nur in der Premiere-eigenen Codierung verschlüsselt, sondern ist auch über die ORF- und TechniSat-Smartcard zugänglich, womit zusätzlich CryptoWorks und Conax zum Einsatz kommen. Also zwei Verschlüsselungen, die bereits als geknackt gelten. Nicht außer acht zu lassen ist auch, dass Premiere auf der Entavio-Plattform vertreten ist. Diese nutzt ja ebenfalls Nagravision. Tatsächlich scheint es so zu sein, als ob Premiere seinen Haupteingang mit einem Hochsicherheits-System absichert, während es den Hintereingang nur angelehnt lässt. Tatsächlich bietet Multicrypt mehrere Möglichkeiten, den Hebel anzusetzen und zumindest eine der genutzten Verschlüsselungen zu umgehen.

Ein Wechsel auf VideoGuard ist auf die Schnelle keinesfalls zu bewerkstelligen, da dabei sämtliche Receiver ausgetauscht werden müssten. Alleine in Deutschland dürften davon rund 2 Millionen Sat-TV-Haushalte betroffen sein. Diese werden wohl kaum bereit sein, für neue Boxen in die Tasche zu greifen.

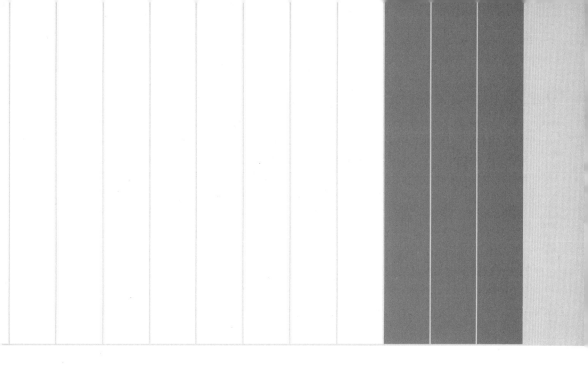

3 Ent- und Verschlüsselung

Als Verschlüsselungsstandards versteht man Systeme, die auf der Empfängerseite den Zugang zu verschlüsselten Inhalten erlauben. Man spricht auch von Conditional Access-Systemen, kurz CAS oder CA-Systemen. Sie bilden die Schnittstelle zwischen dem digitalen verschlüsselten Datenstrom und der Decodierkarte. Die Aufgabe eines CA-Systems ist, ein gültiges, 8 Byte langes Kontrollwort zu generieren, das den Datenstrom decodiert.

Common Scrambling-Algorithmus

Codiert und decodiert wird stets mit einem speziellen Algorithmus, dem Common Scrambling Algorithm (CSA). Zur Entschlüsselung muss sich unabhängig vom eingesetzten Verschlüsselungsstandard stets ein eindeutiges Kontrollwort ergeben. Das erlaubt unter anderem, einen Datenstrom gleichzeitig mit mehreren Verschlüsselungssystemen zu codieren (Simulcrypt).

Der eigentliche Entschlüsselungsvorgang erfolgt unabhängig vom verwendeten CA-System über den Common Scrambling-Algorithmus. Das ist eine der Voraussetzungen, die den Empfang mit sogenannten CI-Receivern erlaubt. Dabei handelt es sich um Digital-Receiver mit einer genormten Common Interface-Schnittstelle (CI).

Conditional Access-Module

An ihr können beliebige Decodier-Module (Conditional Access-Module; CAMs) betrieben werden. Meist haben CI-Receiver zwei Steckplätze für die Aufnahme von Modulen. Sie sind in PCMCIA-Norm ausgeführt. Alternativ dazu gibt es Receiver, in denen bereits ein Decodiersystem fix eingebaut ist. Im deutschen Sprachraum sind das meist Digital-Boxen, die man im Zusammenhang mit einem Premiere- oder Arena-Abo erhält (mehr siehe Seite 25).

Smartcard

Die Smartcard wird in das CAM oder den Kartenschlitz des Receivers gesteckt. Zusätzlich zu den Decodierinformationen, die auf der Smartcard aufgespielt sind, werden bei allen Verschlüsselungsverfahren auch Steuercodes innerhalb des Datenstroms übertragen. Ihnen sind sogar eigene PID-Adressen zugeteilt. Über diese Steuercodes können Anbieter Kundenkarten ein- oder ausschalten. Sie dienen auch dazu, um auf die Karte neue Decodiercodes aufzuspielen. Sie gewährleisten, dass die offizielle Smartcard nach einem einfachen Codewechsel weiter funktioniert, während Piratenkarten dabei ausfallen (mehr siehe Seite 26).

3.1 Der Common Srambling Algorithmus

Beim Digitalfernsehen kommt das CSA-Verschlüsselungsverfahren zum Einsatz. Der Scrambling-Algorithmus wurde über mehrere Jahre geheim gehalten. Obwohl einige Hinweise zu seiner Zusammensetzung der Patentschrift entnommen werden konnten, blieben wichtige Details geheim. 2002 erschien eine Software, die den CSA umwandelte. Seit der CSA-Algorithmus vollständig bekannt ist, forschen Analytiker nach Schwachstellen des Systems.

Angriffspunkte für Hacker

Angriffspunkte für Hacker ergeben sich dadurch, dass Teile des im CSA verborgenen Klartextes bekannt sind oder zumindest mit sehr hoher Wahrscheinlichkeit als bekannt gelten. Aus der Länge der bei den TV-Verschlüsselungssystemen verwendeten Codewörter von 64 Bit ergeben sich 2 hoch 64 Verschlüsselungsvarianten.

Würde man jede Verschlüsselungsvariante für nur 1 µS ausprobieren, benötigte man mehr als 500.000 Jahre, um alle Möglichkeiten durchprobiert zu haben. Sind Passagen der Verschlüsselungsinformationen bekannt oder werden zumindest vermutet, lässt sich die Zahl der möglichen Verschlüsselungsvarianten entscheidend reduzieren.

Würde es eines Tages gelingen, den CSA durch Kryptoanalyse zu erforschen, würden damit alle Conditional Access-Systeme wirkungslos werden.

3.2 CAMs – Conditional Access-Module

Unter einem CAM versteht man ein Decodier-Modul, das in den CI-Schacht des Sat-Receivers geschoben wird. Das Modul hat lediglich die Aufgabe, den Austausch von Codeinformationen zwischen der Smartcard und der, nach dem Common-Scrambling-Algorithmus arbeitenden Decodier-Hardware, zu verwalten. Der CSA dient zum Decodieren von codierten Programmen. Dazu wird ein Schlüssel benutzt, der sich auf der Smartcard befindet. Um auf diese Informationen zugreifen zu können, muss sich die Karte im Modul befinden.

Weder in der Smartcard noch im CAM wird die eigentliche Decodierung vorgenommen. Beide Komponenten dienen lediglich dazu, auf eine Schlüsselabfrage einen geeigneten Antwortschlüssel bereitzustellen. Die eigentliche Decodierung übernimmt der Receiver.

Das CAM und der CSA lassen sich auf Software-Basis nachbilden. Damit wird es möglich, Smartcards mit einfachen Kartenlesegeräten, die man an den PC anschließt, zu nutzen. Die dafür benötigte Software ist im Internet verfügbar. Mit verschiedenen Programmen kann man Pay-TV zwar nicht ohne Abo sehen, man erspart sich aber dafür die Kosten für das Decodiermodul.

Um sich die Ausgaben für Lizenzgebühren zu ersparen, definieren einige Receiver-Hersteller ihre eigenen Verschlüsselungsverfahren. Zu ihnen zählt etwa die Dreambox. Der CAM-Teil der Dreamboxen kann Software-seitig implementiert werden.

3.3 Smartcards – Prozessor-Chipkarten

Bei den Smartcards handelt es sich um Prozessor-Chipkarten. Sie verfügen über einen Mikroprozessor, über den man auf die gespeicherten Daten zugreifen kann. Der Mikroprozessor erlaubt, die auf der Karte gespeicherten Daten über kryptografische Verfahren vor unberechtigtem Zugriff zu schützen. Zusätzlich sind auf ihr spezielle Decodierinformationen enthalten.

Da der auf der Smartcard gespeicherte Schlüssel die Karte nie verlässt, ist sein Auslesen nicht möglich.

Electrically Erasable Programmable Read Only Memory

Der EEPROM (*Electrically Erasable Programmable Read Only Memory*) ist ein elektrisch löschbarer, programmierbarer Nur-Lese-Speicher. Er wird beim Bearbeiten von Smartcards beschrieben. Sein Speichervolumen reicht gegenwärtig von 64 bis 2.048 kBit. Es bestimmt, in welchem Umfang die verschiedenen Karten genutzt werden können.

HINWEIS!

Rechtlicher Hinweis

Der Verlag und der Autor weisen ausdrücklich darauf hin, dass es strafbar ist, den Verschlüsselungscode aus einer Smartcard auszulesen und diesen in Blanko-Smartcards zu kopieren.

3.4 Verschlüsselungssysteme im deutschsprachigen Raum

Weltweit gibt es derzeit rund 80 Verschlüsselungssysteme. Zum Teil stecken hinter ihrer Entwicklung firmenpolitische Überlegungen. Viele Systeme und Systemvarianten wurden aber unter dem Aspekt geschaffen, illegale Zugänge so schwer als möglich zu gestalten. Immerhin sind Verschlüsselungssysteme die Grundlage, die es Pay-TV-Veranstaltern erlaubt, mit ihren Angeboten auch Geld zu verdienen. Da bis jetzt früher oder später noch jedes Verschlüsselungssystem geknackt wurde, ist die Entwicklung neuer Varianten und Systeme unumgänglich.

Die folgende Aufzählung widmet sich im Besonderen jenen Verschlüsselungssystemen, die im deutschsprachigen Raum von Bedeutung sind. Auf die Vorstellung exotischer Systeme wurde bewusst verzichtet.

Betacrypt und Betacrypt 2

Betacrypt basiert auf der Irdeto-Technologie und wurde von DF1 und Premiere genutzt. Heute kommt das Verfahren noch beim österreichischen ORF zum Einsatz. Etwa 2008 soll Betacrypt bei den österreichischen TV-Sendern abgeschaltet werden. Betacrypt wurde schon frühzeitig geknackt. Es ging die Runde, dass Premiere vor dem Wechsel seines von ihm verwendeten Verschlüsselungssystems bis zu einer Million Schwarzseher hatte. Ob diese Zahl realistisch war, ist nach wie vor anzuzweifeln.

Um illegale Zuseher auszusperren, wechselte Premiere auf eine gekapselte Variante des Nagravision-Systems. Bei ihm können die in den Receivern eingebauten Betacrypt-Decodiersysteme weiterverwendet werden. Premiere-Smartcards kommunizieren noch immer wie klassische Irdeto-Karten. Sie übertragen den Nagrapayload allerdings innerhalb der Irdeto ECMs. Die Betacrypt-Weiterentwicklung, Betacrypt 2, kam nicht mehr zum Einsatz.

Conax

Conax wird primär in skandinavischen Ländern eingesetzt, findet aber zunehmende Verbreitung auch im deutschsprachigen Raum. Neben dem Satelliten kommt Conax auch bei verschiedenen Kabel-TV-Netzen in Deutschland und Österreich zur Anwendung. Conax gilt grundsätzlich als geknacktes System. Allerdings sind nur selten Files für diverse in Conax codierte Sender verfügbar. Womit dieses Verschlüsselungssystem doch wieder als relativ sicher gilt.

CryptoWorks

Auch CryptoWorks erfreut sich zunehmender Beliebtheit. Neben dem ORF und etwa Arena nutzen unter anderem auch Stationen in Tschechien und der Slowakei das Verfahren. Arena setzt eine Spezialvariante innerhalb des CryptoWorks-Systems ein. Deshalb laufen Arena-Karten nicht in allen CryptoWorks-Modulen. Sie müssen Arena-zertifiziert sein. CryptoWorks ist bereits geknackt. Mit geeigneter Karte und Modul kann man etwa das slowakische Fernsehen empfangen. 2008 ändert der ORF seine Verschlüsselung von CryptoWorks auf Irdeto. Dabei kommt ein getunneltes System zum Einsatz, bei dem dem CryptoWorks-Modul oder dem Digital-Receiver mit eingebautem CryptoWorks-Decoder vorgegaukelt wird, er habe es mit einer CryptoWorks-Smartcard zu tun. Tatsächlich ist das Signal jedoch in Irdeto verschlüsselt.

Irdeto

Irdeto war eines der ersten Verschlüsselungssysteme, die in Europa zum Einsatz kamen. Da die Irdeto-Urversion, sie wurde später Irdeto 1 genannt, schon frühzeitig umgangen wurde, stellte das Verfahren keinen hinreichenden Schutz vor unberechtigter Nutzung mehr dar. Deswegen wechselten schon frühzeitig die meisten in Irdeto 1 verschlüsselten Sender auf Irdeto 2.

Entgegen einer weitverbreiteten Meinung wurde Irdeto nicht geknackt. Findige Köpfe fanden jedoch heraus, dass der Schwachpunkt in den zum Einsatz gekommenen Smartcards lag. So halfen etwa das Timing und die Rückgabe korrekter Signaturen, die Verschlüsselung zu umgehen.

Irdeto 2

Um das Irdeto-System wieder sicher zu machen, wurde eine zweite Variante, Irdeto 2, entwickelt. Im Gegensatz zur ersten Version kommt bei Irdeto 2 ein sogenannter CAM-Key zum Einsatz. Er verschlüsselt die Kommunikation zwischen Modul und Smartcard. Dieses Verfahren wurde auch schon bei Betacrypt 1 genutzt. Irdeto 2 gilt bislang noch als nicht geknackt.

Nagravision

Die Urversion von Nagravision kam lange Zeit beim polnischen Pay-TV-Anbieter Cyfrowy Polsat zur Anwendung. Da so gut wie alle Smartcard-Serien relevante Sicherheitslücken aufwiesen, hielt Nagravision nicht lange den Hackerangriffen stand. Inzwischen haben weltweit beinahe alle verschlüsselten Sender, die Nagravision nutzten, auf das sicherere Nagravision Aladin gewechselt.

Nagravision Aladin

Nagravision Aladin galt lange als immun gegen Hackerangriffe. Jedoch wurden auch bei einigen Nagravision-Aladin-Smartcards Sicherheitslücken bekannt, die es erlaubten, das System ohne gültige Abokarte zu umgehen.

Premiere und Kabel Deutschland (Kabel TV) nutzen eine modifizierte Variante von Nagravision Aladin im Simulcrypt-Verfahren. Bei der Datenübertragung werden EMMs und ECMs auf Basis des Betacrypt-Protokolls übertragen, sind aber mit Nagravision-Aladin-Algorithmen codiert. Dieser Schritt war notwendig, um nicht die vielen Digital-Receiver mit integriertem Betacrypt-System austauschen zu müssen. Getauscht wurden nur die Zugangskarten. Da Betacrypt-CAMs nur ECMs auf den CA-IDs 1702 (Satellit, Deutschland), 1762 (Satellit, Österreich) und 1722 (Kabel) aus dem Datenstrom filtern und zur Smartcard übertragen, mussten die neuen »Aladin-Karten« während der Umstellungsphase auch vollständig Betacrypt-kompatibel sein. Um dies zu ermöglichen, mussten die Nagravision-Software-Entwickler unter Zeitdruck Eingriffe in die für Premiere vorgesehene ROM-120-Firmware vornehmen.

Man spricht davon, dass dabei Fehler aufgetreten sein sollen, die es erlaubten, das System zu umgehen, noch bevor der Betacrypt-Kartentausch abgeschlossen wurde. Allerdings wurde nur ein kommerzieller Hack der ROM-120-Karten bekannt, der auf Nagravision Aladin basierte. Seit August 2005 werden ROM-122-Smartcards mit verbesserten Sicherheitsmerkmalen ausgegeben. Seit Ende 2005 ist Premiere jedoch wieder für nicht an einem offiziellen Abo Interessierte zugänglich. Allerdings gab es seit damals immer wieder längere »Dunkelphasen«, in denen keine geeigneten Premiere-Files verfügbar waren. Auch die erforderliche Ausrüstung (Modul und eventuell zu beschreibende Smartcard) kann wechseln. Womit zum Teil nicht unerhebliche Kosten für den »Alternativnutzer« entstehen können.

Nicht getunneltes oder modifiziertes Nagravision Aladin wird immer wieder als Nagravision 2 bezeichnet. Der offizielle Markenname lautet dann allerdings nur: Aladin.

Nagravision Cardmagedon

Dabei handelt es sich um eine Weiterentwicklung des Nagravision-Aladin-Systems. Nagravision Cardmagedon wird fälschlicherweise auch als Seca-Mediaguard 3 bezeichnet. Es wurde speziell für den spanischen Markt (Digital+) entwickelt. Auch hier kommt ein getunneltes System zum Einsatz, bei dem die Nagravision-Daten in einem Seca-Mediaguard-Protokoll übertragen werden.

Damit konnten nach dem Systemwechsel auch alte Digital+-Receiver mit fix eingebautem Seca-Decoder weiterverwendet werden. Im Gegensatz zu Nagravision Aladin wird nicht nur die Seca-Verpackung (Mediaguard-Wrapper) verwendet, sondern der komplette Daten-Payload zusätzlich zur Nagravision-Codierung nochmals in Mediaguard codiert (Pseudocrypt). Die doppelte Verschlüsselung macht das System gegen Hackerangriffe sehr sicher und gilt bislang als nicht geknackt.

Allerdings wird beim spanischen Digital+-Paket auf Astra neben Nagravision Cardmagedon auch Nagravision Aladin genutzt. Wegen einer Sicherheitslücke bei den verwendeten ROM-110-Karten kann die Codierung umgangen werden, indem man an die aktuellen Steuerdaten von Nagravision Aladin gelangen kann. Nagravision Cardmagedon trägt so gesehen nichts zur Absicherung der Verschlüsselung bei.

PowerVU

PowerVU kommt meist für geschlossene Benutzerkreise abseits von Pay-TV zum Einsatz. Unter anderem sind die TV- und Radioprogramme des AFRTS-Networks der US-Streitkräfte in PowerVU codiert.

PowerVU arbeitet ohne Smartcards, sondern setzt ausschließlich auf einzeladressierbare Receiver. Vor kurzem sind erstmals PowerVU-Keys im Internet aufgetaucht, die den Zugang zu einzelnen Programmen zulassen sollen.

Seca 1, Mediaguard 1

Neben Irdeto 1 gehörte es während der ersten Jahre des Digital-TV zu den weit verbreiteten Verschlüsselungssystemen. Da alle Seca-1-Smartcards Fehler aufwiesen, war es ein leichtes, sie zu umgehen. Seca 1 wurde inzwischen vollständig von Seca 2 abgelöst.

Seca 2, Mediaguard 2

Seca 2 ist der Nachfolger des frühzeitig umgangenen Seca 1. Jedoch konnten in Seca 2 verschlüsselte Pakete aus Spanien und Italien wegen eines Fehlers auf der Smartcard umgangen werden. Die betroffenen Pay-Anbieter haben inzwischen auf andere Verschlüsselungsverfahren umgestellt. Obwohl bei den französischen Canal+- und den niederländischen Canal Digitaal-Karten keine relevanten Bugs bekannt waren, konnten auch diese Pakete geknackt werden. Sie waren zum Beispiel mit speziellen Karten oder Modulen von etwa September bis Mitte Dezember 2006 zu sehen.

Viaccess 1

Die erste Viaccess-Variante war schon frühzeitig auf den Markt und kam vor allem im frankophonen Europa zum Einsatz. Auch das schweizerische Fernsehen entschied sich für Viaccess. Anfangs hielt das System den Hacker-Attacken lange stand und konnte sich noch lange halten, nachdem Irdeto 1 und Seca 1 bereits geknackt waren. Die erfolgreichen Angriffe auf Viaccess veranlassten beinahe alle Programmanbieter, die dieses Verfahren nutzten, auf Viaccess 2 zu wechseln.

In verschiedenen Senderlisten wird Viaccess 1 auch als Viaccess Version 2.3 bezeichnet.

Viaccess 2

Viaccess 2 ist das Nachfolgeverfahren des unsicher gewordenen Viaccess 1. Viaccess 2 gilt bislang noch als sicher, auch wenn es auch hier schon Ausnahmen gab. So war es für kurze Zeit möglich, einige in Viaccess 2 codierte Erotiksender mit geeigneter Soft- und Hardware zu decodieren.

In verschiedenen Senderlisten wird Viaccess 2 auch als Viaccess Version 2.4 oder 2.5 bezeichnet. Seit Ende 2006 kommt vermehrt eine neue Viaccess Version 2.6 zum Einsatz. Sie wird auch als Viaccess 3 bezeichnet.

VideoGuard

VideoGuard wurde von NDS entwickelt. Das System gilt als sehr sicher und hielt bislang allen Hacker-Attacken stand. Es wird unter anderem von British Sky Broadcasting, Sky Italia und Viasat genutzt. Es gilt als das weltweit verbreitetste Verschlüsselungsverfahren.

Spezielle Versionen von VideoGuard gibt es auch für mobile Anwendungen und für Breitband-Fernsehen (IPTV).

BISS

In BISS (Basic Interoperable Scrambling System) verschlüsselte Programme sind in der Regel nicht für den Individualempfang vorgesehen. Wie auch bei PowerVU, kommt bei BISS keine Smartcard zur Anwendung. Das Verschlüsselungssystem besteht aus einem Keywort, aus dem die Codewörter generiert werden. Für den Empfang kommen spezielle Receiver zum Einsatz. Ende 2006 sind erstmals Keywörter für einige in BISS ausgestrahlte Sender aufgetaucht, womit das Verschlüsselungssystem umgangen werden kann. Der Empfang verschiedener in BISS verschlüsselter Sender ist mit speziellen Decodier-Modulen möglich.

Bild 3.1 In BISS sind nur einzelne Sender verschlüsselt. Für jeden sind eigene Keys erforderlich

Digiciper 2

Digiciper ist ein von Motorola entwickeltes Verschlüsselungssystem, das vor allem in Nordamerika Verbreitung gefunden hat. Digiciper 2 ist nicht kompatibel mit dem DVB-Standard. Einige in Digiciper 2 codierte Programmpakete strahlen über westlich positionierte Satelliten im C-Band auch nach Europa ein. Alle in Europa gebräuchlichen Digital-Receiver können die in Digiciper codierten Programmpakete nicht einmal einlesen.

Dreamcrypt

Das Verschlüsselungssystem wird von verschiedenen Erwachsenenkanälen genutzt. Diverse Module haben Dreamcrypt fix eingebaut.

Griffin

Griffin ist noch neu auf dem europäischen Markt. Aktuell wird es bei Bulsatcom und Athina Sat eingesetzt. Bei Griffin kommen keine Smartcards zum Einsatz.

KeyFly

Das System wird etwa Hispasat 30° West von RTVE und verschiedenen Erotiksendern auf Hot Bird genutzt.

Neotion SHL

Das Verfahren ist auch als SkyCrypt oder SkyPilot bekannt. Aktuell nutzt Sex-View XXX das Verschlüsselungssystem.

Omnikrypt

Omnikrypt wird von den SexView-Erotiksendern auf Hot Bird genutzt.

RAS

Das Remote Authorisation System (RAS) ist ein professionelles Verschlüsselungsverfahren, das nicht für den Endverbraucher bestimmt ist. Ähnlich wie bei BISS oder PowerVU kommen keine Smartcards, sondern nur Codewords zum Einsatz.

Rosscrypt

Russisches Verschlüsselungssystem. Es wird seit 2006 vom ersten nationalen russischen TV-Kanal Pervy Kanal eingesetzt. Auch digitale Bonuskanäle dieses Senders sind in diesem Verfahren verschlüsselt.

TPS Crypt

Bei TPS Crypt handelt es sich um eine Viaccess-Sondervariante. TPS Crypt wurde bereits am Tag der Einführung geknackt.

Nachdem Canal+ Frankreich und TPS etwa zur Jahreswende 2006/07 fusionierten, bleibt abzuwarten, ob dieses Verschlüsselungsverfahren auch noch künftig genutzt werden wird.

Simulcrypt

Dabei handelt es sich um kein eigenständiges Verschlüsselungsverfahren. Dieser Ausdruck wird dann gebraucht, wenn ein Sender gleichzeitig in mehreren Normen codiert ist. Simulcrypt kann unter verschiedenen Voraussetzungen

Anwendung finden. Programmpakete werden etwa mit zwei unterschiedlichen Standards gesichert, wenn gerade ein Wechsel des Verschlüsselungssystems vorgenommen wird. Durch die Simulcrypt-Verschlüsselung ist somit sicherge-stellt, dass alle, die noch altes Equipment nutzen, ebenso das Pay-Angebot anschauen können, wie etwa jene, die bereits eine neue Smartcard und/oder Receiver haben.

Mehrere Verschlüsselungssystsme kommen auch zum Einsatz, wenn ein Pay-Anbieter in mehreren Märkten aktiv ist, in denen sich schon zuvor bestimmte Verschlüsselungssysteme etabliert haben. Als Beispiel kann hier das in Osteu-ropa vermarktete UPC Direct genannt werden. Es setzt CryptoWorks, Irdeto 2 und Mediaguard 2 ein.

Ein ähnliches Beispiel finden wir in MTV auf Astra. Einzelne MTV-Sender sind auf 19,2° Ost in bis zu fünf Normen codiert. VH1 Europe setzt etwa Conax, Crypto-Works, Mediaguard 2, Nagravision 2 und Viaccess ein. Die über den MTV-Trans-ponder ausgestrahlten Programme werden so direkt in mehreren Pay-TV-Paketen verschiedener Nationen vermarktet.

Auch für den deutschen Sprachraum gibt es ein Beispiel für Simulcrypt

Die österreichischen Programme ORF1 und 2, sowie ATV senden in drei Nor-men. Seit Anbeginn der Satellitenaufschaltung nutzt man Betacrypt 1. Mit die-ser Norm konnten damals alle Österreicher diese Programme mit einem Premiere-Abo sehen. Es gab aber auch Premiere-unabhängige Betacrypt-Recei-ver. Betacrypt soll etwa 2008 abgeschaltet werden. Betacrypt-Smartcards wer-den schon seit mehreren Jahren nicht mehr ausgegeben. Vor einigen Jahren haben sich die österreichischen TV-Sender für CryptoWorks als Haupt-De-codiersystem entschieden. Für alle österreichischen Premiere-Kunden werden die Programme zusätzlich in Nagravision Aladin angeboten.

Welche Vorteile bietet Simulcrypt?

Der entscheidende Vorteil liegt in der Tatsache, dass ein Sender in mindestens zwei Normen verschlüsselt ist. Damit steigt grundsätzlich die Chance auf das Doppelte, auch ohne mit einer vom Sender ausgegebenen Karte empfangen zu können. Bei Hacker-Angriffen kann man sich dabei auf das Verschlüsse-lungssystem konzentrieren, das leichter zu beherrschen ist. Je mehr Verschlüs-selungssysteme also parallel genutzt werden, umso weniger ist der Sender vor nicht registriertem Zugriff geschützt.

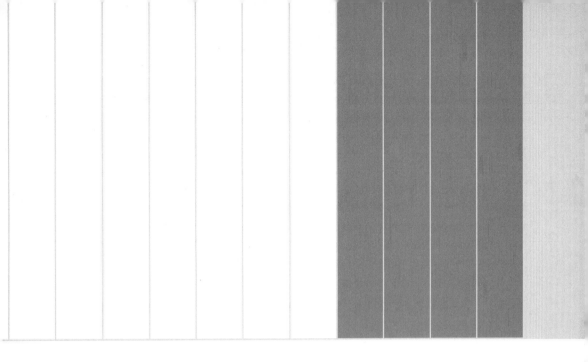

4 Offizielle Decodier-Module

Bei offizellen oder originalen Decodier-Modulen ist stets die lizenzierte Software eines bestimmten oder mehrerer Verschlüsselungssysteme eingespielt. Offizielle Module sind zwar etwas teurer als diverse Nachbau-CAMs, die zwar auch viel versprechen, aber nicht immer so funktionieren, wie man es von ihnen erwarten würde. Zu offiziellen CAMs ist in der Regel ein guter Support gewährleistet. Er entscheidet, wie universell ein Modul einsetzbar und ob es zukunftssicher ist. Neue Software-Versionen werden etwa über Satellit angeboten und helfen, Bugs zu beheben, oder dem Modul neue Funktionen beizubringen. Ein ausgezeichnetes Beispiel dafür ist das AlphaCrypt-Modul, das seit seiner Markteinführung kontinuierlich für zusätzliche Decodiersysteme erweitert wurde und auch aktuelle Programmanbieter berücksichtigt.

4.1   CAM-IDs diverser Verschlüsselungssysteme

Welche Programme von einem CAM grundsätzlich entschlüsselt werden, hängt davon ab, welche CAM-IDs in ihm eingespielt sind. Jeder Programmanbieter besitzt eine eigene. Sind seine IDs im Modul vermerkt, akzeptiert es die Smartcard des Veranstalters. Hat man ein altes Modul zu Hause, sind in ihm nur die CAM-IDs enthalten, die zu seinem Erscheinen aktuell waren. Neue werden nicht berücksichtigt. Sie können aber nachträglich via Satellit eingespielt werden. Auf diese Weise wurden etwa 2006 verschiedene Module fit für den Fußball-Pay-Sender Arena gemacht.

Verschlüsselungssystem	CAM-ID
Conax	0B00
CryptoWorks	0D00
CryptoWorks	0D02
CryptoWorks	0D03
CryptoWorks	0D05
CryptoWorks	0D07
CryptoWorks	0D20
Dreamcrypt	4A70
Irdeto 2	0602
Irdeto 2	0604

Verschlüsselungssystem	CAM-ID
Irdeto 2	0606
Irdeto 2	0608
Irdeto 2	0622
Nagravision Aladin	1702
Nagravision Aladin	1722
Nagravision Aladin	1762
Nagravision Aladin	1801
Nagravision	1800
Nagravision	1801
Seca 2	0100
SkyCrypt	4A60
SkyCrypt	4A61
SkyCrypt	4A63
TPS Crypt	0500
Viaccess 1	0500
Viaccess 2	0500
VideoGuard	0911
VideoGuard	0919
VideoGuard	0960
VideoGuard	0961

VORSICHT!

Mangelhafter Support bei Nachbau-Modulen

Bei Nachbau-Modulen darf man nicht auf guten Support vertrauen. Meist wird er nur für kurze Zeit angeboten oder überhaupt nicht. Damit lassen sich solche Module nicht ohne Weiteres für aktuelle Anforderungen anpassen. Viele dieser CAMs erlauben allerdings das Aufspielen alternativer Softwares, die sie zu wahren Wunderdingern machen.

4.2 Originale CAMs für vollen Funktionsumfang

Nur originale CAMs gewährleisten den vollen Funktionsumfang der Verschlüsselungssysteme. Die Hersteller originaler Module verfügen über die offiziellen Lizenzen und garantieren so das einwandfreie Funktionieren. Für die Module wird auch guter Support, etwa in Form von Software-Updates, geboten.

Conax

Conax wurde von der norwegischen Telenor entwickelt und 2000 auf den Markt gebracht. Anfangs fand das System primär bei skandinavischen Pay-TV-Anbietern Anwendung. Durch sehr liberale Lizenzpolitik konnte sich Conax seitdem auch in vielen anderen Märkten, wie etwa dem deutschen Sprachraum, etablieren. Details zum Conax-System kann man unter *www.conax.com* nachlesen.

Bild 4.1 Details zum Conax-System unter *www.conax.com*.

Das Verschlüsselungssystem wird unter anderem von MTV Networks, Techni-Sat-Radio, Canal Digital, NRK, TV2 Norge, TV Norge, DR, TV Finland, Focus Sat (Bulgarien), verschiedene bulgarische Stationen, TVN-Sendergruppe (Polen), N, diverse Erotiksender und anderen Programmen genutzt.

Conax-Module der ersten Generation

Conax-Module der ersten Generation erkennt man am Logo in Weiß/Blau/Rot/Gelb. In ihnen lassen sich TechniSat-Radio-Smartcards anstandslos betreiben. Schwierigkeiten gibt es allerdings, wenn man mit ihnen die ebenfalls in Conax verschlüsselten MTV-Sender sehen möchte. Hier funktioniert entweder nur das Bild oder nur der Ton. Diese alten, und nicht mehr voll für die aktuellen Anforderungen geeigneten Conax-Module werden zum Teil in Internet-Auktionen für weniger als € 20 angeboten.

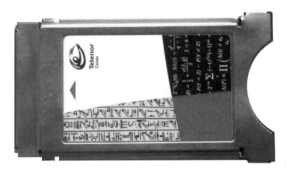

Bild 4.2 Originales Conax-Modul der ersten Generation

Aktuelle Conax-Module

Aktuelle Conax-Module erkennt man am Logo in Blau/Orange/Hellgrün mit drei »Blasen« darauf. Als Alternative bietet sich ein Conax-Modul von TechniSat an. Es ist in Gelb gehalten.

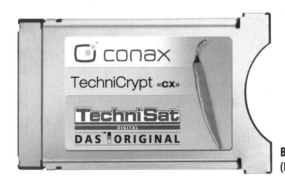

Bild 4.3 Conax-Modul von TechniSat (Bild: TechniSat)

Modul-Infos

Conax-Modul

SAP-Nr.	900165, 900165, 901647, 904064, 904180
Firmware	4.0
Flashbar	nein
Kompatibel mit	Conax CAS 3/5/7 (CAS7 arbeitet nur mit den neuesten Conax-Modulen

CryptoWorks

Conax-Modul von TechniSat

SAP-Nr.	unbekannt
Firmware	unbekannt
Flashbar	nein

Das CryptoWorks-Decodiersystem wurde von Philips entwickelt. Inzwischen gehört CryptoWorks als zweites Decodiersystem zum Irdeto-Konzern.

Bild 4.4   Details zu CryptoWorks kann man *unter www.irdeto.com* nachlesen

In Cryptoworks sind unter anderem verschlüsselt: ORF, Arena, easy.TV (inzwischen eingestellt), MTV Networks, DigiTürk, XtraMusic, CzechLink, Wizja, UPC Direct, Fox Kids Romania, Fox Kids Russia.

Nicht alle in CryptoWorks codierten Sender sind für den Direktempfang gedacht. Zum Teil dienen diese Signale exklusiv der Einspeisung in Kabel-TV-Netze.

CryptoWorks-Modul von SCM

CryptoWorks-Module gibt es von mehreren Herstellern und Ausführungsvarianten. Die bekanntesten und schon am längsten am Markt befindlichen Module wurden von SCM gefertigt. Man erkennt sie am blau-weißen Aufkleber und dem Vollmetall-Gehäuse. Bei neueren Versionen ist ein Teil des Gehäuses aus Kunststoff gefertigt.

Alte CryptoWorks-Module für Arena ungeeignet

Alte CryptoWorks-Module sind noch nicht für Arena geeignet. Mit ihnen kann man daher den deutschen Bundesliga-Pay-TV-Sender nicht sichtbar machen.

Immer wieder sind etwa in Internet-Auktionen asiatische Cryptoworks-Module, die von Smit gefertigt werden, zu finden. Sie werden fälschlicherweise als Arena-tauglich beworben. Da sie vom Sender nicht lizenziert wurden, ist das nicht der Fall.

Update-Service für den europäischen Markt

Die Firma Mascom bietet für Module, die für den europäischen Markt gefertigt wurden, einen Update-Service an, bei dem das CryptoWorks-Modul von SCM in ein »Mascom-CryptoWorks-Modul« umgewandelt wird. Dafür ist das CAM an Mascom zu senden. Es fallen Kosten von rund € 15 an. Der Vorteil dieses Updates: der Empfang von Arena unter anderem. Es sind mehrere Varianten des von SCM gefertigten CryptoWorks-Moduls bekannt.

Bild 4.5   CryptoWorks-Modul der alten Bauweise von SCM

Modul-Infos

CryptoWorks

SAP-Nr.	901632, 902720, 903503, 903694, 904071
Firmware	1.14; 1.15.15
Flashbar	nein

CryptoWorks Professional

SAP-Nr.	904070
Firmware	3.02.007
Flashbar	nein

CryptoWorks Consumer

SAP-Nr.	904380
Firmware	3.4.00.008
Flashbar	nein
Bemerkungen	Neueste CryptoWorks-Software, kann nicht gegen andere Software-Versionen ausgewechselt werden.

CryptoWorks-Modul von Mascom

Nachdem Irdeto die CryptoWorks-Verschlüsselungstechnologie von Philips übernommen hatte, wurde ein neues Modul mit neuer Hardware entwickelt. Es ist seit Herbst 2006 auf dem Markt.

Leicht zu verwechseln

Das von Mascom gebotene CryptoWorks-Modul ist leicht zu verwechseln. Auf seinem weitgehend weißen Label ist in großen violetten Lettern »Irdeto« zu lesen. Darunter, in wesentlich kleinerer Schrift und in unauffälligem Grün ist »CryptoWorks« angeführt. Dies ist als Hinweis zu verstehen, dass das Crypto-Works-System nun vom Irdeto-Konzern vermarktet wird.

Dieses CAM verarbeitet alle codierten Sender, die auch vom älteren Crypto-Works-Modul von SCM beherrscht werden. Zusätzlich besitzt das Modul eine Arena-Zertifizierung, weshalb man mit ihm auch den deutschen Bundesliga-

Sender sehen kann. Weiter verfügt das Modul über eine heute nicht mehr relevante easy.TV-Zulassung. Das von Mascom gefertigte CryptoWorks-Modul ist Update-fähig. Neue Software wird bei Bedarf kostenlos via Astra 19,2° Ost bereitgestellt.

Bild 4.6 Gegen Gebühr ist auch ein Upgrade des Moduls auf AlphaCrypt-Classic-Vollversion möglich. Es ist im Mascom-Shop via *www.mascom.de* erhältlich und kostet etwas über € 40

Modul-Infos

CryptoWorks von Mascom

SAP-Nr.	910001
Firmware	1.09
Flashbar	nein

CryptoWorks-Modul von TechniSat

Auch das von TechniSat angebotene CryptoWorks-Modul ist Arena-tauglich und entspricht dem aktuellen Entwicklungsstand.

Bild 4.7 CryptoWorks-Modul von TechniSat
(Bild: TechniSat)

Modul-Infos

CryptoWorks-Modul von TechniSat	
SAP-Nr.	unbekannt
Firmware	25.0.5.0.25
Flashbar	nein

DigiTürk-Modul

DigiTürk-Module entschlüsseln nur CryptoWorks. Sie funktionieren ausschließlich mit der Smartcard des türkischen Pay-TV-Anbieters DigiTürk.

Modul-Infos

DigiTürk-Modul	
SAP-Nr.	904290
Firmware	3.02.007 D
Flashbar	nein

MultiCrypt 1-Modul

Das MultiCrypt 1-Modul wird von TechniSat seit Mai 2006 angeboten. Das CAM wurde speziell für den Empfang der »neuen« Pay-Angebote in Deutschland entwickelt und unterstützt CryptoWorks und Conax.

Damit kann man mit dem Modul ORF, MTV, TechniSat Radio und ehemals Easy.TV sehen. Die Arena-Tauglichkeit ist bei den älteren dieser Module nur nach einem Software-Update gegeben.

Bild 4.8 Das TechniSat MultiCrypt-1-Modul hat Conax und CryptoWorks eingebaut (Bild:TechniSat)

Modul-Infos

MultiCrypt-1-Modul

SAP-Nr.	unbekannt
Firmware	0.26
Flashbar	nein

Bild 4.9 Mehr Informationen zum Modul gibt es unter *www.technisat.de*

Software-Updates für TechniSat-Module

Software-Updates werden auf Astra 19,2° Ost auf 12,670 GHz Vertikal, Symbolrate: 22.000, FEC: 5/6 ausgestrahlt. Da auf diesem Transponder nur verschlüsselte Programme ausgestrahlt werden, ist beim Sendersuchlauf auch das Einlesen codierter Sender einzustellen.

Anschließend ist das Modul in den Receiver zu stecken und ein auf diesem Transponder ausgestrahltes Programm einzuschalten. Im Receiver-Hauptmenü ist der Menüpunkt für CI-Module aufzurufen und das TechniSat-Modul auszuwählen. Nachdem im Modul-Menü *Software Aktualisierung* gestartet wurde, kann es mehrere Minuten dauern, bis der Überspielvorgang abgeschlossen ist. Während des Downloads informiert eine Fortschrittsanzeige über den augenblicklichen Status. Nach erfolgreichem Download wird das Modul automatisch neu gestartet. Ist im Modul bereits die aktuelle Software eingespielt, wird keine Update-Möglichkeit signalisiert.

easy.TV- und Arena-Module

Sie stammen aus dem Hause Mascom und beherrschen die Verschlüsselungssysteme CryptoWorks und Nagravision Aladin. Neben Arena und ehemals easy.TV kann man mit ihm auch Premiere sehen. Das CAM kann ebenfalls auf ein AlphaCrypt-Modul upgedatet werden.

Die Module gibt es in mehreren, sich optisch unterscheidenden Varianten. Die älteren Module wurden als easy.TV-CAMs angeboten. Sie haben einen vorwiegend dunkelblau gehaltenen Aufkleber, der das easy.TV-Logo trägt. Neuere Modelle enthalten zusätzlich das orangefarbene Arena-Logo. Damit wird ihnen im Besonderen auch die Arena-Tauglichkeit zertifiziert.

Zwei Smartcards gleichzeitg betreiben

Als Besonderheit haben diese Module einen zweiten Kartenleser eingebaut, womit man in ihm zwei Smartcards gleichzeitig betreiben kann. Smartcards haben üblicherweise die Größe einer Kreditkarte und werden in den frontseitigen Schlitz des Moduls gesteckt. Das ist auch bei diesen Modulen nicht anders. Für die zweite Decodierkarte haben diese CAMs auf der Oberseite einen zweiten Kartenleser eingebaut. Er

Bild 4.10 easy.TV-Modul von Mascom. Beachtenswert ist der zweite eingebaute Kartenleser auf der Oberseite (Bild:Mascom)

nimmt Smartcards in der Größe einer vom Handy bekannten SIM-Karte entgegen. Einige neuere Decodierkarten sind bereits so gefertigt, dass man das Feld mit dem Chip in SIM-Card-Größe herausbrechen kann. Ansonsten muss man die Smartcard unter Zuhilfenahme einer Schablone zurechtschnipseln.

HINWEIS

Tauglich für Arena-Empfang

Bei Bedarf können die Decodier-Module für weitere Verschlüsselungssysteme aufgerüstet werden. Via Software-Update stehen für diese CAMs auch Irdeto und Conax bereit. Es ist im Mascom-Shop unter *www.mascom.de* erhältlich und kostet etwas mehr als € 51. Das erste Easy.TV-Modul kann auch für Arena-Empfang genutzt werden. Ab der Software-Version 3.09 ist das möglich.

Modul-Infos

Easy.TV-Modul	
SAP-Nr.	904489
Firmware	3.14
Flashbar	nein

Premiere-Modul

Üblicherweise kommen für den Empfang des großen deutschen Pay-TV-Senders zertifizierte Receiver zum Einsatz, die bereits das benötigte Decodiersystem fix eingebaut haben. Die Premiere-Karte ist dann nur noch in den schmalen Schlitz des Receivers zu stecken.

»Geeignet-für-Premiere-Boxen«

Einige »Geeignet-für-Premiere-Boxen«-Geräte sind reine CI-Receiver ohne integrierten Premiere-Kartenleser. Solche Geräte wurden für alle Kunden auf den Markt gebracht, die sich nicht unmittelbar für Premiere interessieren, sich aber in Zukunft den Weg zum Pay-Sender offenhalten wollen. Möchten sie ein Premiere-Abo abschließen, brauchen sie nur noch ein Premiere-Modul zu kaufen und in den CI-Schacht ihres Receivers zu stecken.

Arbeitet nur mit Premiere-zertifizierten Geräten

Premiere-Module wurden 2003 eingeführt und arbeiten nur in wenigen Digital-Boxen. Das Modul arbeitet nur mit Geräten, die eine Premiere-Zertifizierung tragen und keinen eingebauten Kartenleser haben, zusammen. Steckt man das Modul in einen anderen CI-Receiver, erscheint am Bildschirm lediglich die Meldung, dass die Box nicht für Premiere-Empfang zugelassen ist. Das war es dann auch schon.

Das Premiere-Modul funktioniert auch nicht in »Geeignet-für-Premiere-Receivern«, die bereits das Premiere-Entschlüsselungssystem eingebaut haben.

Bild 4.11 Das Premiere-CI-Modul kann ausschließlich in ausgesuchten »Geeignet-für-Premiere-Receivern« genutzt werden. Es arbeitet nur mit der Premiere-Abo-Karte

Bild 4.12 Die Rückseite des Premiere-Moduls zeigt, dass in ihm das Betacrypt-Decodiersystem eingebaut ist

Modul-Infos

Premiere-Modul

SAP-Nr.	903331 (4MB flash)
Firmware	1.04
Flashbar	nein
Bemerkungen	Abgesichertes Software-Update via Satellit

Premiere-Modul

Receiver, in denen das Modul betrieben werden kann. Die Auflistung erhebt keinen Anspruch auf Vollständigkeit.

Axis Premium S
DigitalSat Dt. Imperial P1S
Grundig Selio DTR 5210 SCI
Hirschmann CSR 5012 CI
Humax BTCI 5900
Humax PR-Fox-C
Katelco CI 3000/P
Kathrein UFD 530 S
Kathrein UFD 541
Kathrein UFD 590
Kathrein UFD 595
Loewe Digital Aufrüstsatz 2 SAT CI P
Medion MD 24242
Nokia MediaMaster 211 S
Orbitech CI 350
Orbitech CI 350 CR
Pace DS 210
Panasonic TU-DSF40P
Philips DSR 2000
Philips DSR 2015
Samsung DSB 9401 G
Strong SRT 4600
TechniSat Digit CI
TechniSat Digit CCI
TechniSat Digital CI
TechnoTrend TV-Pilot 100
TechnoTrend TT-micro S200
Telestar Diginova 2 CI
Telestar Diginova 2 CI CR
Tonbury Jupiter DS

Viaccess

Viaccess wurde von France Telecom entwickelt. Anfangs kam das System vor allem in Frankreich zum Einsatz. Auch die schweizerische SRG nutzt Viaccess. Weiter nutzen das Verfahren unter anderem MTV Networks, BBC Prime, Cyfra+ (Polen), KBS World (Südkorea), Arabesque, HRT (Kroatien), viele Erwachsenenprogramme und weitere.

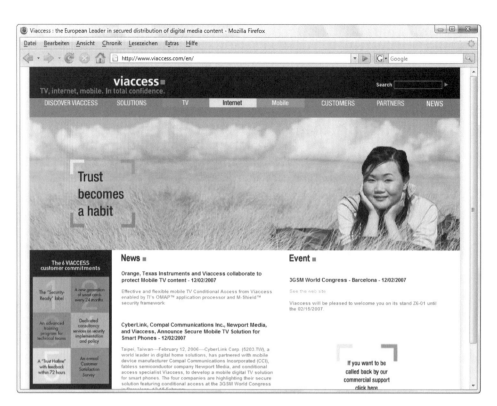

Bild 4.13   Details zum Verschlüsselungssystem erhält man unter *www.viaccess.com*

Das älteste Viaccess-Modul erkennt man am schwarzen Label. Es unterstützt nur das kaum noch genutzte Viaccess 1.

Das aktuelle Viaccess-Modul

Das aktuelle Viaccess-CAM erkennt man am roten Auf-kleber. Es beherrscht Viaccess 1 und 2 und ist so für alle in Viaccess codierten Sender geeignet. Für das Modul wird auch ein Software-Update via Satellit angeboten. Es erfolgt über Hot Bird 13° Ost auf 12,092 GHz Horizontal; Symbolrate: 27.500, FEC: ¾. Es gibt auch ein von Mascom angebotenes blaues Viaccess-Modul, das dem roten Viaccess-CAM entspricht. Das rote oder blaue Viaccess-CAM ist nicht flashbar, womit es keine weiteren Verschlüsselungssysteme unter-stützt. Nur für wenig Geld mehr bekommt man univer-sell einsetzbare Multifunktions-CAMs.

Bild 4.14   Das neuere rote Viaccess-Modul decodiert Viaccess 1 und 2

Von den alten Viaccess-Modulen gibt es zwei Versionen. Die Version 1.0 ist am schwarzen Label erkennbar und kann nur Viacess 1. Ferner gibt es die Viaccess-UK-Version 1.20, in denen auch Viaccess-2-Karten funktionieren sollen. Es sollen mit dem CAM auch TPS-Karten laufen. Das konnte von uns jedoch nicht überprüft werden.

Satelliten-Update via HotBird

Für Viaccess-Module wird ein Satelliten-Update via HotBird angeboten. Neue Patches werden etwa überspielt, um kleine Mängel, die das Modul bei der Entschlüsselung einzelner Sender zeigen kann, auszubessern, oder um etwa eine neue CAM-ID einzuspielen. Neue Identifikationsadressen sind etwa erforderlich, wenn zusätzliche Programmanbieter hinzugekommen sind, die das Verschlüsselungssystem nutzen.

> **HINWEIS**
>
> **Alte CAMs patchen**
>
> Das schwarze Viaccess-Modul decodiert nur die 1er-Version des Verschlüsselungssystems. Diese alten CAMs lassen sich aber patchen. Die Software der »Nicht-Euro-Module« ist untereinander austauschbar. Im Falle des Viaccess-CAMs bedeutet das etwa, dass man auf ihm alternativ die Software für Crypto-Works, Conax, Seca oder etwa Irdeto aufspielen könnte. Damit lässt sich aus dem Viaccess-CAM zum Beispiel ein Conax-Modul machen.

Bild 4.15 Blaues Viaccess-Modul von Mascom. Es entspricht dem roten Viaccess-CAM

Modul-Infos

Viaccess Schwarz

SAP-Nr.	900166, 900167
Firmware	1.2
Flashbar	ja
Kompatibel mit:	Viaccess 1 und TPS Crypt mit dem neuesten Patch

Modul-Infos

Viaccess Rot

SAP-Nr.	901273, 902513, 902532, 903182, 903441, 903457, 903665, 904062, 904101, 904240, 904250
Firmware	1.08.003; 484
Flashbar	nein
Bemerkungen	EuroCAM-Viaccess-1.04-Module verfügen über eine Update-Möglichkeit via Satellit.

Viaccess MPEG-4-Modus

Dieses Viaccess-Modul wurde von Neotion entwickelt und soll die Möglichkeit geben, künftig in Viaccess verschlüsselte Programme, die im HDTV-Standard MPEG-4 übertragen werden, zu decodieren.

Aktuell lässt es sich für alle in Viaccess ausgestrahlten Sender, wie etwa SRG, HRT, ORT, NTV, Canal Satellite France, viele Erwachsenenkanäle und weitere, nutzen.

MPEG-4-Module, es gibt sie auch für die Conax-Verschlüsselung, sind dazu gedacht, in MPEG-4 ausgestrahlte codierte Sender mit einem üblichen Digital-Receiver sichtbar zu machen. Ein aktuelles Beispiel für den Einsatz des Viaccess-MPEG-4-Moduls ist der Empfang des Erotik-Senders Sexview HQ, der mit extrem hoher Datenrate mit bis zu mehr als 15 MBit/s ausgestrahlt wird. Obwohl diese sehr hohen Datenraten vom MPEG-4-Modul verarbeitet werden und auch für sehr gute Bildqualität sorgen, kommen damit nicht alle Receiver klar.

Bild 4.16   Das Modul wurde 2006 auf den Markt gebracht. Nähere Informationen erhält man unter www.neotion.fr

Irdeto-Modul

Irdeto-Module gibt es in zwei grundsätzlichen Ausführungsvarianten. Das Irdeto-Allcam ist die ältere Version des Systems und erlaubt etwa, das CAM zu patchen. Bei den neueren Euro-Irdeto-Modulen war das nicht mehr möglich.

Zusätzlich gab es eigene Irdeto-Module, die von bestimmten Pay-TV-Anbietern ausgegeben wurden und nur für den Empfang des eigenen Pakets vorgesehen waren.

Selbst innerhalb einer Modellreihe gibt es verschiedene Varianten. Sie begründen sich etwa darin, dass manche Programmanbieter für ihre Dienste eigene Firmware-Versionen benötigten. Alte Module konnten etwa mit einem Software-Update auf diese neuen Anforderungen erweitert werden. Erst ab diesem Zeitpunkt gefertigte Module wurden bereits mit erweiterter Software ausgeliefert. Um sie untereinander unterscheiden zu können, wurden sie mit unterschiedlichen, auf der Rückseite aufgedruckten Versionsnummern gekennzeichnet. Sie geben auch Aufschluss über sonstige Ausstattungskriterien z. B. ob und wie das CAM patchbar ist.

Irdeto Allcam

Es wurde im Sommer 1999 der Öffentlichkeit vorgestellt und war eine leicht modifizierte Version des ersten Irdeto-Moduls. Diese Variante konnte auch Betacrypt, das auf der Irdeto-Technologie basierte, entschlüsseln. Damit konnte man in dem Modul auch Premiere-Karten nutzen und war nicht mehr an spezielle zertifizierte Digital-Receiver gebunden.

Das Irdeto-Allcam-Modul ist patchbar. Man kann es auf alternative Betriebssysteme aufspielen, die es multinormtauglich machen. Nachdem die Fabrikation dieses Moduls eingestellt wurde, wechselten Restbestände zu astronomischen Preisen bis über € 600 den Besitzer. Diese Module sind nach wie vor begehrt und werden gebraucht auch noch immer angeboten. Jetzt aber zu realistischen Preisen. Da es inzwischen auch andere Module gibt, die mehrere Decodiersysteme beherrschen, hat das Irdeto-Allcam an Bedeutung verloren.

Mit der alten Original-Software kann das Irdeto-Allcam neben Betacrypt nur Irdeto 1. Ab der Software-Version 4.8 beherrscht es auch Irdeto 2. Der Name »Allcam« bezieht sich darauf, dass das Modul neben Irdeto mit Betacrypt ein weiteres Verschlüsselungssystem beherrscht.

Irdeto 1 Freecam

Genau genommen handelt es sich beim Irdeto Freecam um ein nachträglich bearbeitetes Irdeto-Modul. Darauf konnte neben der Allcam- alternativ die Freecam-Software aufgespielt werden. Die Freecam-Software stammt von Hackern. Sie bot die gleiche Funktionalität wie das Allcam, erlaubte es aber zusätzlich, mit dem CAM auch in Cryptoworks, Viaccess 1 und 2, Seca 1 und 2, Nagravision, Nagravision Aladin und TPS Crypt codierte Sender zu entschlüsseln. Außerdem wurden die Module mit einem zusätzlichen Emulator ausgestattet, in den man heute noch die Keys eingeben kann, um mit dem Modul Programme ohne Karte schauen zu können.

Um das Modul zu einem Freecam zu machen, benötigte man ein Notebook mit PCMCIA-Schacht, in den das Modul gesteckt werden musste. Der Patch selbst wurde mit einer kleinen Software bewerkstelligt, die jedoch NUR unter Windows 95 und 98 lief.

Irdeto EuroCAM

Das Irdeto-Euro-CAM war eine Reaktion auf die starken Hacker-Aktivitäten, die Irdeto-Module der ersten Entwicklungsstufe mit anderer Software bespielten, um mit ihm verschlüsselte Programme zu empfangen. Es löste 2001 die unter Eingeweihten äußerst beliebten alten Irdeto-Module ab. Das Irdeto-Euro-Modul lässt derartige Aktivitäten nicht mehr zu. Es decodiert nur Irdeto 1 und 2.

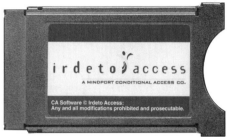

Bild 4.17 Das Euro-Irdeto-CAM kann man unter anderem an den weißen Warnhinweisen im unteren blauen Balken erkennen

Während zu Beginn des digitalen Satellitenzeitalters viele Pay-TV-Pakete in ganz Europa Irdeto nutzten, ist davon nur noch wenig übrig geblieben. Ein nennenswertes Einsatzgebiet für Euro-CAMs stellen nur noch viele, auch in Irdeto 2 codierten Erwachsenenkanäle dar. Irdeto-Euro-CAMs waren nie für den Empfang von Premiere geeignet.

Die Freischaltung einer Irdeto-Smartcard kann bis zu mehrere Stunden dauern. Dabei muss der Receiver auf einen der mit der Karte zu decodierenden Kanal eingeschaltet bleiben.

Bild 4.18 Weitere Details zu Irdeto stehen unter *www.irdetoaccess.com* bereit

Irdeto-Modulvarianten

Vom ursprünglichen Irdeto-Modul gibt es mehrere Varianten. Sie unterscheiden sich nicht bis kaum im auf der Vorderseite aufgebrachten Aufkleber. Um welches Modul es sich genau handelt, ist anhand der SAP-Nummer auf der Rückseite zu erkennen. Sie entscheidet, was und wie viel man mit dem Modul machen kann.

Modul-Infos

Irdeto 1 Allcam

SAP-Nr.	900264, 900440
Firmware	0.03; 0.04; (0.03p ALLCAM wurde für Patch-Zwecke entwickelt)
Flashbar	ja
Kompatibel mit:	Viaccess 1 und TPS Crypt mit dem neuesten Patch

Irdeto 1 SE plus

SAP-Nr.	901453, 901569, 901633
Firmware	0.07B
Flashbar	Nicht flashbar, ohne zuvor das CAM Hardware-seitig umbauen zu lassen.

Irdeto 2 Professional

SAP-Nr.	901205, 901275, 903508, 903833
Firmware	1.05; 1.06
Flashbar	Einmalig flashbar. Das CAM ist nicht weiter flashbar, ohne zuvor das CAM Hardware-seitig umbauen zu lassen.

Irdeto 2 Consumer

SAP-Nr.	904505
Firmware	01.11
Flashbar	nein

TechniCAM Beta 2

Es soll seit Ende 2005 erhältlich gewesen sein. Da Betacrypt 2 aktuell aber von keinem einzigen Sender genutzt wird, hatte TechniSat dieses CAM bereits Anfang 2007 nicht mehr in seinem Sortiment. Details zum Modul sind nicht bekannt.

Modul-Infos

TechniCAM Beta 2

SAP-Nr.	unbekannt
Firmware	unbekannt
Flashbar	nein

AlphaCrypt-Module

AlphaCrypt-Module sind multifunktionell und unterstützen mehrere Decodiersysteme. Es gibt sie in mehreren Ausführungsvarianten. Sie unterscheiden sich primär in den von ihnen beherrschten Decodiersystemen. Zusätzlich gibt es AlphaCrypt-Module mit einem zweiten Kartenleser. Zu allen AlphaCrypt-Modulen wird ein Satelliten-Update-Service über Astra 19,2° Ost geboten. Das Modul wurde im Laufe der Jahre ständig weiterentwickelt, und so wurden nach und nach weitere Verschlüsselungssysteme in den Funktionsumfang des CAMs implementiert. Entscheidend dabei ist, dass der Hersteller dafür offizielle Lizenzen besitzt, womit ein einwandfreies Funktionieren der Module sichergestellt ist.

Bild 4.19   Informationen zum AlphaCrypt-Modul sind unter *www.alphacrypt.de* nachzulesen. Hier gibt es auch einen Download-Bereich für aktuelle Software-Versionen

AlphaCrypt Classic

Es wurde erstmals 2001 vorgestellt und beherrschte anfangs drei Verschlüsselungsnormen. Inzwischen kann das Modul sechs Normen verarbeiten. Neben Irdeto-1- und 2-Kompatibilität beinhaltet es auch CryptoWorks und Conax sowie AlphaCrypt. Dank seiner Irdeto-Kompatibilität kann es auch Betacrypt verarbeiten. Ferner ist das Modul auch geeignet für Arena. Selbst Premiere-Karten laufen mit ihm.

Laut Mascom ist das AlphaCrypt-Classic-Modul seit der Version 3.02 auch kompatibel zum SkyCrypt-Verschlüsselungssystem. Dieses unterstützt einige Funktionen der Viaccess-Verschlüsselung. Dabei werden Viaccess 1 und 2 in ihren Grundfunktionen beherrscht. Zusatzfunktionen wie Pay-per-View bietet das Modul bei Viaccess jedoch nicht.

Einige Beispiele, für welche Sender das Modul genutzt werden kann: Premiere, Arena, ORF, TechniSat-Radiopaket, Nova, DigiTürk, viele Erwachsenenkanäle und mehr.

In ihm können unter anderem alte und neue ORF-Karten betrieben werden. Seine größte Beliebtheit im deutschen Sprachraum genießt es aber, weil man mit ihm auch Premiere-Karten in beliebigen CI-Receivern nutzen kann. Empfängt man Premiere mit einem AlphaCrypt-Modul, braucht man sich nicht um die Eingabe des allgemein als störend empfundenen Jugendschutz-PINs zu kümmern. Damit ist es möglich, beliebige auf Premiere ausgestrahlte Spielfilme auch mit dem Timer aufzeichnen zu können. Da AlphaCrypt-Module keine Premiere-Zertifizierung besitzen und auch in nicht von Premiere zugelassenen Receivern betrieben werden können, kann man mit ihm kein Premiere-Abo abschließen. Das geht nur mit einer Premiere-Box. Sie wird mitunter beim Abschluss eines Vertrages für ein Butterbrot angeboten. Man kauft sie und stellt sie zum Beispiel auf den Dachboden. Die Premiere-Karte nutzt man einfach im AlphaCrypt-Modul in einem CI-Receiver eigener Wahl.

Sämtliche AlphaCrypt-Module sind auch weiterhin, zumindest bis 2012, zur Decodierung von Premiere geeignet. Die neue, 2008 eingeführte Nargavision-Verschlüsselungsvariante stellt für die AlphaCrypt-Module keine Herausforderung dar, weshalb sie auch mit den neuen Premiere-Nagra-Karten arbeiten. Laut Auskunft ist Mascom zudem bemüht, die AlphaCrypt-Module Videoguard-tauglich zu machen. Dabei gilt es einen Weg zu finden, die Funktionalitäten des neuen, zumindest bis 2012 zusätzlich laufenden Codier-Verfahrens nachzubilden, ohne Urheber- und Patentrechte zu verletzen. Damit darf man auch mit dem AlphaCrypt-Modul in eine sichere Zukunft schauen.

Bild 4.20 Das AlphaCrypt-Classic-Modul beherrscht sechs Verschlüsselungsnormen (Bild: Mascom)

Modul-Infos

AlphaCrypt Classic

SAP-Nr.	901650
Firmware	3.14
Flashbar	nein

AlphaCrypt Light

Das AlphaCrypt-Light-Modul kam erst 2005, also einige Jahre nach der Einführung des AlphaCrypt-Classic-Moduls, auf den Markt. Im Auslieferungszustand sind bereits zwei Entschlüsselungssysteme an Bord. Es ist Betacrypt- und Sky-Crypt-kompatibel. Damit ist es ideal geeignet für den Empfang des Premiere-Pay-TV-Pakets, eine entsprechende Smartcard vorausgesetzt. Ferner können im Modul Viaccess-Karten betrieben werden.

Das Modul kann durch ein kostenpflichtiges Update auf ein AlphaCrypt-Classic-Modul hochgerüstet werden. Das Update kann im Mascom-Shop unter *www.mascom.de* erworben werden und kostet etwas über € 40. Es rüstet das Modul für die Verschlüsselungssysteme Irdeto 1 und 2, Conax und Crypto-Works auf.

Das CAM verfügt über eine integrierte Jugendschutzfunktion, die auch für künftige Mediendienste (Erwachsenenprogramme) geeignet ist.

Bild 4.21 AlphaCrypt-Light-Module. Sie lassen sich nachträglich gegen Gebühr auf vollwertige AlphaCrypt-CAMs aufwerten

Modul-Infos

AlphaCrypt-Light	
SAP-Nr.	904410
Firmware	1.12
Flashbar	nein

AlphaCrypt TC

Das AlphaCrypt TC ist ein um einen zweiten Kartenleser erweitertes AlphaCrypt-Classic-Modul. »TC« steht für Twin Card. Neben einer üblichen Decodierkarte im Scheckkarten-Format nimmt dieses Modul auf seiner Oberseite eine zweite Karte im SIM-Format auf. Das ist jene Kartengröße, die unter anderem auch bei Handys zum Einsatz kommt. Vereinzelt sind Smartcards schon in Simkartengröße erhältlich. Meist wird man sie aber zuerst zurechtschneiden müssen.

Das AlphaCrypt TC hat den gleichen Funktionsumfang wie das AlphaCrypt-Classic-Modul. Neue Software wird über Satellit bereitgestellt.

Bild 4.22 AlphaCrypt TC-Modul. Rechts in der Mitte ist der zweite Kartenleser zu erkennen (Bild: Mascom)

Modul-Infos

AlphaCrypt TC

SAP-Nr.	904315
Firmware	3.09
Flashbar	nein

Menüpunkte des AlpaCrypt-Moduls

Information

Hier werden die aktuell eingespielte Software-Version und der Bootloader angezeigt. Die Versionsnummer des Bootloaders ist für die Funktion des Moduls unerheblich.

Smartkarte

In diesem Menü werden Seriennummer und Ländercode der eingesteckten Smartcard angezeigt. Die Anzeige kann aktualisiert werden. Befindet sich keine Karte im Modul, erscheint die Meldung *no card*. Mit *wrong card* wird signalisiert, dass sich eine falsche Karte im Modul befindet.

Im Hauptmenü *Smartkarte* ist das Untermenü *Berechtigungen* zu finden. Es dient der Abfrage, welche Dienste auf der Karte freigeschaltet sind. Zur Aktualisierung der Kartendaten wählt man das Untermenü *noch mal Abfragen*. Die Anzeige ist vom CA-System abhängig und wird nicht immer im Klartext wiedergegeben. Bei Modulen mit zwei Kartenlesern fehlt dieser Menüpunkt. Bei ihnen werden die Berechtigungen nach Anwählen der jeweiligen Smartcard-Nummer eingeblendet.

Nachrichten

Hier können vom Programmanbieter ausgestrahlte Nachrichten angezeigt und wieder gelöscht werden. Bei eintreffen einer Nachricht blendet das Modul ins laufende Programm einen entsprechenden Hinweis ein. Dieser Menüpunkt ist im AlphaCrypt-Light-Modul nicht verfügbar.

Jugendschutz

AlphaCrypt-Module verfügen über eine integrierte Jugendschutzfunktion. Sie ist im Auslieferungszustand aktiviert und lässt sich nur auf ausdrücklichen Wunsch und Kenntnis des Jugendschutz-PIN deaktivieren. Der Jugendschutz lässt sich auf verschiedene Altersstufen einstellen.

Wird auf einen verschlüsselten Kanal geschaltet, wird zuerst die Altersangabe überprüft. Bei Erreichen oder Überschreiten der Altersgrenze ist der vierstellige Jugendschutz-PIN der Smartcard einzugeben.

In diesem Menü wird die Altersstufe eingestellt, auf die das Modul reagieren soll. Hier kann auch der Jugendschutz-PIN der Karte geändert werden. Um in dieses Menü zu gelangen, muss die Smartcard gesteckt sein. Zuerst ist ihre aktuelle PIN-Zahl einzugeben. Altersstufen werden geändert, indem diese mit der OK-Taste angewählt werden. Mit jedem Drücken springt die Einstellung um einen Wert weiter (6, 12, 14, 16, 18 Jahre und aus).

Nachdem der PIN für eine jugendgeschützte Sendung einmal eingegeben wurde, wird dieser nicht noch einmal verlangt, es sei denn, das Gerät wurde zwischendurch ausgeschaltet oder befand sich im stromlosen Zustand. Bei aktiviertem Jugendschutz kommt es zu längeren Umschaltzeiten zwischen den Kanälen. Bei einigen ausländischen Sendern können sie bis zu 4 Sekunden betragen.

Im Auslieferungszustand ist der Jugendschutz im Modul auf FSK 16 eingestellt.

Alternativ kann die Altersfreigabe auf Wunsch auch direkt von der Smartcard übernommen werden. Sind beide Systeme aktiv, kann es zur doppelten Abfrage des Jugendschutz-PIN kommen. Je nach Programmanbieter hängt es davon ab, ob die Jugendschutzabfrage für eine Sendung nur einmal eingegeben zu werden braucht, oder ob sie nach jedem Programmwechsel erforderlich ist.

Die Unterfunktion *Aktuelles Programm testen/freigeben* innerhalb des Jugendschutz-Menüs kann in der Modul-Menüoberfläche für Receiver aktiviert werden, die den PIN-Dialog nicht selbstständig einblenden.

Der Menüpunkt *Receiver überschreiben* kann aktiviert werden, wenn der Receiver eine eigene Jugendschutz-Abfrage über das Modul vornimmt und es so zu einer doppelten Abfrage von Receiver und Modul kommt. Diese Einstellung funktioniert nur bei wenigen Digital-Empfängern. Nimmt die Digital-Box keine Jugendschutz-Abfrage vor, ist dieser Menüpunkt wirkungslos.

Einstellungen

Das Menü *Einstellungen* gliedert sich in mehrere Untermenüs. Zuerst kann die Sprache der Modul-Menüoberfläche zwischen Deutsch und Englisch umgeschaltet werden.

CA-Modus dient zur Anpassung des Moduls an den benutzten Receiver. Die einzelnen Einstellmöglichkeiten dieses Menüpunkts werden der Reihe nach mit der *OK*-Taste ausgewählt. Empfohlen wird die Einstellung *MULTI/DYNAMIC*. Mit ihr meldet sich das Modul nach Stecken einer neuen Smartcard beim Gerät jedes Mal mit den neuen und den bekannten Daten an. Damit wird der Receiver über den Kartenwechsel informiert. Mit dieser Funktion sollen unter anderem schnellere Umschaltzeiten bewerkstelligt werden. Allerdings unterstützen nicht alle Receiver diesen Modus. *MULTICAST/STATIC* ist zu wählen, wenn der Receiver nach Einschalten eines codierten Senders nicht gleich wie gewohnt entschlüsselt wird, sondern das Bild erst zu sehen ist, nachdem man kurz auf einen anderen Kanal geschaltet hat. Diese Einstellung sollte bei den meisten Digital-Boxen funktionieren.

Die Einstelloptionen *SINGLE/STATIC* und *SINGLE/DYNAMIC* können bei älteren Receivern erforderlich sein. Bei dieser Einstellung kann es nötig sein, das Gerät nach einem Smartcardwechsel kurz aus- und wieder einzuschalten.

Unter *Smartkarten Meldung* können ungewollte Bildschirmeinblendungen unterdrückt werden. Wird dieser Menüpunkt auf *Ein* gesetzt, werden alle Meldungen im Bild eingeblendet. Wählt man *10SEK,* werden alle Meldungen nur für jeweils zehn Sekunden eingeblendet. Gleiches gilt auch unter *TF10SEK*. Diese zweite Variante ist für einige Receiver, wie etwa die Topfield 5000er-Serie, gedacht, die normale Meldungen unterdrücken. Bei der Einstellung *AUS* werden alle Meldungen unterdrückt. *AUS* empfiehlt sich, wenn etwa zwei AlphaCrypt-Module im Receiver betrieben werden.

Erzwinge lesen originale PMT ist zu aktivieren, wenn der Receiver nicht alle erforderlichen Daten an das Modul weitergibt. Dieser Fehler macht sich etwa bemerkbar, wenn auf zu decodierenden Kanälen nur der Ton zu hören oder nur das Bild zu sehen ist, wenn Dolby-Digital-Ton oder Teletext fehlen. Bei aktivierter Funktion besorgt sich das Modul selbst alle erforderlichen Daten aus dem Transportstrom und ermöglicht so eine korrekte Entschlüsselung. Bei aktivierter Funktion sind Programmumschaltzeiten bis zu 4 Sekunden in Kauf zu nehmen. Dieser Menüpunkt bietet auch eine Automatik-Funktion, bei der zuerst die Informationen des Receivers herangezogen und diese anschließend mit den Daten des Transportstroms korrigiert werden. Im Auslieferungszustand ist *Erzwinge lesen originale PMT* deaktiviert. Diese Einstellung sollte im Normalbetrieb beibehalten werden.

Mit *CA-PMT Löschzeit* wird nach einem Programmwechsel eine Verzögerung bis zum Stoppen des nicht mehr zu decodierenden Datenstroms erwirkt. Diese Einstellung ist bei einigen Festplatten-Receivern erforderlich, um kurze Störungen in der Aufnahme oder der Bild-im-Bild-Funktion zu vermeiden.

AlphaCrypt Applikationen/Updates

Über dieses Menü wird die Software-Aktualisierung via Satellit gestartet. Üblicherweise führt die *Automatische Suche* zum Erfolg. Sollten Probleme beim automatischen Update auftreten, wird auch eine *Manuelle PID-Eingabe* geboten. Erforderliche Transponderdaten und die fünfstelligen PIDs werden auf *www. alphacrypt.de* bereitgestellt.

Neben dem Update via Satellit kann das Modul auch am PC aktualisiert werden. Dazu ist ein Rechner mit PCMCIA-Einschub erforderlich.

Software-Downloads via Satellit

Neue Software-Versionen für AlphaCrypt-Module werden über Astra 19,2° Ost auf 12,692 GHz Horizontal, Symbolrate: 22.000, FEC: 5/6 übertragen. Für die manuelle Suche ist zusätzlich der PID erforderlich.

Alle AlphaCrypt-Module mit einer Firmware-Version ab 1.10 können über Satellit upgedatet werden. Ein Versions-Check kann nur über das Bildschirm-Menü des Sat-Receivers vorgenommen werden. Die auf der Rückseite des Moduls aufgedruckte Revisionsnummer gibt keine Auskunft über die Software-Version.

Aktuell sind Updates auf folgenden Transpondern auf Astra 19,2° Ost verfügbar:

- 12,692 GHz Horizontal, Symbolrate: 22.000; FEC: 5/6; manueller PID: 00546

- 12,662 GHz Horizontal, Symbolrate: 22.000; FEC: 5/6; manueller PID: 00150

Gefälschte AlphaCrypt-Module

Seit Beginn der Ausstrahlung der Deutschen Bundesliga über den Pay-Anbieter Arena im Sommer 2006 traten vermehrt Fälschungen der AlphaCrypt-Module auf.

Vor allem bei Internet-Auktionen läuft der Käufer Gefahr, statt eines Originals nur eine billige Kopie zu erhalten. Bei diesen nachgemachten CAMs wurde meist versucht, ein normales CI-Modul zu einem AlphaCrypt-Modul umzuwandeln. Labels aus Fotopapier sowie eine eingeschränkt funktionierende Software lassen die Fälschung zum Teil erst nach Wochen beim Käufer auffliegen. Es sind auch Fälle bekannt, bei denen in Auktionen zwar AlphaCrypt-Module angepriesen werden, der Käufer jedoch nur No-Name-Produkte mit minderwertiger Software erhielt.

Gefälschte AlphaCrypt-Module erkennt man zuerst am gefälschten Aufkleber. Meist kommt Fotopapier zum Einsatz, das mit einem Tintenstrahldrucker bedruckt wurde. Zum Teil macht sich der Fälscher nicht einmal die Mühe, die Ecken abzurunden.

Um ein beliebiges Modul auf Alpha-Crypt umzubauen, ist es zu öffnen. Man erkennt Fälschungen auch an den minderwertig wieder zusammengeschweißten Schweißpunkten. Zum Teil werden die Module überhaupt nur mit Sekundenkleber »zusammengepappt«. Dieser hält jedoch meist nur für kurze Zeit.

Da gefälschte Module oft nur einen Teil der AlphaCrypt-Software enthalten, kann es mit ihnen zu ständigen Ausfällen beim TV-Empfang kommen. Diese Module können auch via Satellit abgeschaltet werden.

Schweißpunkte waren geöffnet

Bild 4.23 AlphaCrypt-Fälschungen von oben gesehen (Bild: Mascom)

Nur Originale gewährleisten einwandfreie Funktion

Nur originale AlphaCrypt-Module gewährleisten einwandfreie Funktion bei allen unterstützten Verschlüsselungssystemen sowie einen auf lange Zeit gesicherten Support. Nur bei originalen AlphaCrypt-Modulen, die bei einem seriösen Händler erworben wurden, hat man laut Mascom die Gewissheit, auch noch nach Jahren ein funktionierendes Modul mit Update-Garantie zu besitzen.

Bild 4.24 Bei dieser AlphaCrypt-Fälschung sind die nur mangelhaft ausgeführten Schweißpunkte zu erkennen. Sie sind die Folge, wenn ein Modul einmal geöffnet wurde (Bild: Mascom)

Omega Cam

Das Modul wird von OmegaTech vertrieben. Es wurde in Zusammenarbeit mit Dream Multimedia entwickelt und im Februar 2007 auf den Markt gebracht. Das Modul unterstützt alle deutschen Pay-TV Anbieter. Neben Conax, CryptoWorks, Nagravision, Irdeto 1 und 2, Viaccess 1 und 2 entschlüsselt das Modul auch in FireCrypt codierte Sender. Auch Premiere HD oder originale österreichische Premiere-Karten sind für das Modul kein Thema. Laut Auskunft von Omegadigital ist das Modul auch für die neue Nagravisions-Verschlüsselungsvariante, die Premiere beginnend mit dem zweiten Quartal 2008 einführt, geeignet. Damit man grundsätzlich den deutschen Pay-TV-Sender bis 2012 mit diesem Cam empfangen können sollte. Außerdem sucht man nach Möglichkeiten, das Modul Videoguard-tauglich zu machen. Sofern eine Übereinkunft mit dem Vertreiber von Videoguard, NDS, zustande kommt, soll das Omega-Modul auch darüber hinaus für Premiere nutzbar sein.

OmegaTech legt Wert darauf, dass mit dem Omega-Modul keinerlei Urheberrechte verletzt werden. Da das Omega Cam eine vollständig selbst entwickelte Software nutzt, werden so auch keine Rechte bestehender Anbieter von Verschlüsselungssystemen verletzt, womit das Omega Cam den Anspruch erhebt, das zweite offizielle multifunktionelle Modul für deutsches Pay-TV zu sein.

Das Omega-CAM zählt nicht zu den sogenannten patchbaren CA-Modulen, mit denen Verschlüsselungssysteme widerrechtlich umgangen werden.

Softwareupdates für das Omega Cam werden über das Internet angeboten. Zur Programmierung des Moduls wird unter anderem eine Loader-Karte mit USB-Anschluss angeboten.

Homecast MX1 TC Modul

Dieses Cam ist Ende 2007 aufgetaucht. Dabei dürfte es sich tatsächlich um ein Omega-Cam, nur eben mit anderem Aufkleber handeln. Diese Vermutung wird dadurch unterstrichen, dass 2007 eine enge Zusammenarbeit zwischen Omega-Tech und Homecast bekannt wurde.

Bild 4.25   Das Omega Cam wurde erst im Februar 2007 vorgestellt. Es eignet sich für verschiedene codierte deutschsprachige Sender.

Nagravision-Modul

Das Nagravision-Modul kam 2000 auf den Markt und findet in Europa noch auf der iberischen Halbinsel Anwendung. In Spanien werden verschiedene Pay-TV-Kanäle noch im inzwischen veralteten Nagravision 1 verschlüsselt. Bis zum Wechsel des polnischen Pay-Anbieters Cyfrowy Polsat auf Nagravision 2 konnten auch hier diese Module genutzt werden. Inzwischen kann das polnische Paket nur mit speziellen Recveivern gesehen werden, die Nagravision eingebaut haben. Geeignete Module gibt es (noch) nicht. Da es kaum noch Sender gibt, die Nagravision 1 einsetzen, ist dieses Modul nutzlos geworden. Der in Nagravision Aladin codierte deutsche Pay-Sender Premiere kann mit dem Nagravision-Modul nicht gesehen werden.

Die vereinzelt im Handel oder auf Internet-Auktionen erhältlichen Nagravision-Module können verschiedene Aufkleber, etwa in Hell- oder Dunkelblau oder Rot, haben.

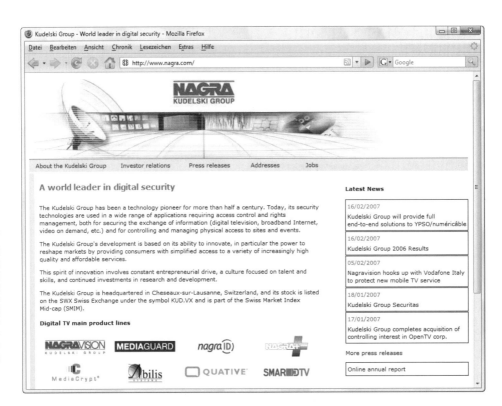

Bild 4.26 Weitere Infos sind unter *www.nagra.com* nachzulesen

Modul-Infos

Nagravision Aladin

SAP-Nr.	904292 Asien
SAP-Nr.	904288 USA
SAP-Nr.	904246 Europa/Polsat
SAP-Nr.	904732 Digi TV
DNASP2	
SAP-Nr.	904000 Asien
SAP-Nr.	904001 USA
SAP-Nr.	904002 Europa
SAP-Nr.	904270 Test
Firmware	rev. 1.05
Flashbar	nein

Nagravision Aladin

Nagravision Gemplus	
SAP-Nr.	unbekannt
Firmware	1.36
Flashbar	nein

Nagravision Cabo-CAM

Bei ihm handelt es sich um eine spezielle Nagravision-Modul-Version, die vom portugiesischen Pay-TV-Anbieter TV Cabo benutzt wurde.

Modul-Infos

Nagravision Cabo-CAM	
SAP-Nr.	unbekannt
Firmware	unbekannt
Flashbar	nein
Bemerkungen	Dieses Modul wurde speziell für TV Cabo Portugal entwikkelt. Es findet keine Verwendung mehr. Auf ihm läuft nur die Karte dieses Anbieters.

Nagravision ViaDigital-CAM

Bei ihm handelt es sich um eine spezielle Nagravision-Modul-Version, die vom spanischen Pay-TV-Anbieter TV CabViaDigital benutzt wurde. Auf ihm läuft nur die Karte dieses Anbieters.

Modul-Infos

Nagravision ViaDigital-CAM	
SAP-Nr.	unbekannt
Firmware	unbekannt
Flashbar	nein
Bemerkungen	Dieses Modul wurde speziell für den Pay-Anbieter ViaDigital entwickelt. Es findet keine Verwendung mehr.

InXWorld-Modul

Das InXWorld-Modul ist seit 2004 auf dem Markt und wurde von Mascom entwickelt. Das CAM beherrscht Irdeto 1 und 2 und verfügt über alle erforderlichen Lizenzen. Mit dem Kauf des Moduls erwirbt man zudem den auf 12 Monate befristeten Zugang zu den Erwachsenensendern Free-X-TV, Backroom und X-Dream TV. Da die Codes dieser Sender direkt im Modul eingespielt sind, ist während dieser Zeit keine Smartcard erforderlich. Zur Aktivierung der Erwachsenensender auf dem InXWorld-CAM ist ein vierstelliger PIN-Code einzugeben, der bei neugekauften Modulen der Rechnung beiliegen sollte. Nach Ablauf oder Nichtaktivierung der Erotikkanäle ist das CAM ein vollwertiges Irdeto-Modul.

Zur erstmaligen Aktivierung der im Modul eingespielten Sender muss das CAM für bis zu zwei Stunden auf einem dieser Kanäle laufen. Bei unserem Test-Modul mussten wir an die 7 Stunden warten, ehe die Sender freigeschaltet waren. Weitere Infos gibt es unter *www.mascom.de*

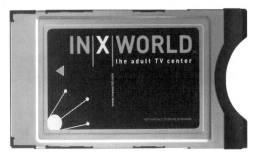

Bild 4.27   Das InXWorld-Modul hat Irdeto 1 und 2 an Bord (Bild: Mascom)

Modul-Infos

InXWorld	
SAP-Nr.	904245
Firmware	1.04.002
Flashbar	nein

Aston-Modul

Das Aston-Modul ist seit 1999 erhältlich und decodiert Seca 1 und 2. Genau genommen ist im Modul nur das System Astoncrypt enthalten, das jedoch beinahe zu 100 % kompatibel zu Seca ist. Es kommt für verschlüsselte Programme zur Anwendung, die in Seca (Mediaguard) codiert sind, wie etwa Canal+ Frankreich. Vom Modul gibt es zwei Hardware-Versionen. Bis zur Software-Version

1.05 handelt es sich um alte Module, wobei das 1.05er-CAM schon als Vorreiter der »Euro-CI-Module« zu betrachten ist.

Bild 4.28 Aston-Seca-Modul der ersten Generation und aktuelles Seca-Modul von Aston

Mit ihm laufen auch schon Seca-2-Karten. Interessant sind die sehr alten Module der Version 1.03. Sie sind im PC flashbar. Man kann aus ihnen zum Beispiel ein Irdeto- oder Viaccess-Modul machen. Wobei das CAM dann immer nur die 1er-Versionen dieser Codiersysteme beherrscht. Die Software kann beliebig oft geändert/überspielt werden. Die Smartcards von in Seca 2 verschlüsselten Kanälen arbeiten nur mit neuen CAMs ab Software-Version 1.07 einwandfrei.

Modul-Infos

Aston-CAM

SAP-Nr.	900836, 901274
Firmware	1.00, 1.03, 1.04, 1.05
Flashbar	nein

AstonCrypt

SAP-Nr.	unbekannt
Firmware	2.17
Flashbar	nein
Bemerkungen	CAM unterstützt Dualscrambling. Aus Sicherheitsgründen ist kein PC-Upgrade möglich. Updates sind über Astra 19,2° Ost verfügbar (12,603 GHz, Horizontal; Symbolrate: 22.000; FEC: 5/6).

AstonCrypt Professional

DVB-Nr.	2557
Firmware	2.17
Flashbar	nein
Bemerkungen	CAM unterstützt Dualscrambling. Aus Sicherheitsgründen ist kein PC-Upgrade möglich. Updates sind über Astra 19,2° Ost verfügbar (12,603 GHz, Horizontal; Symbolrate: 22.000; FEC: 5/6).

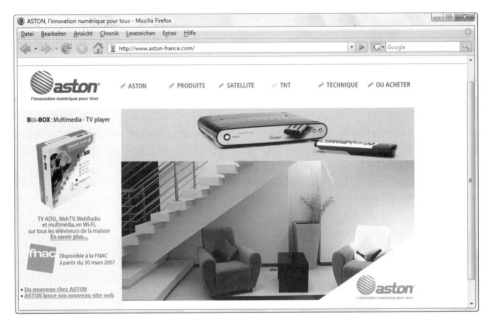

Bild 4.29 Weitere Infos findet man unter *www.aston-france.com*

Ulti-mate-Modul

Bei ihm handelt es sich um ein offizielles, von SCM gefertigtes Modul, das im Besitz aller Lizenzen ist. Es wurde 2004 eingeführt. Mit seinem Kauf erhielt man einen auf vier Monate begrenzten Zugang zu einigen Erotik-Sendern. Um sie mit dem Cam sichtbar zu machen, war im Modul-Menü entweder der PIN 1234 oder 3716 einzugeben. Es sollen zwei Ulti-mate-Modulvarianten im Umlauf sein. Die Produktion des Cams ist inzwischen eingestellt.

Bild 4.30 Das Ulti-mate-CAM unterstützt Irdeto 1 und 2, sowie Conax

Modul-Infos

Ulti-mate	
SAP-Nr.	904074
Firmware	1.04
Flashbar	nein
Bemerkungen	Das Modul ist identisch mit dem DUAL CA. Es unterscheidet sich nur insofern von ihm, als dass vier Erwachsensender ohne zusätzliche Karte gesehen werden können.
	Das CAM arbeitet als ein Conax oder Irdeto-Modul, je nach Mode der benutzten Smartcard: Irdeto Softcell Version 2.23B oder Conax Version 4.00.

Dual-CA

Beim Dual-CA handelt es sich um ein von SCM gefertigtes Modul, das über alle erforderlichen Lizenzen verfügt. Es ist seit Ende 2005 auf dem Markt und beherrscht Irdeto 1 und 2 sowie Conax. Es ist baugleich mit dem Ultimate-CAM.

Modul-Infos

Dual-CA	
SAP-Nr.	904074
Firmware	1.04
Flashbar	nein

Dual-CA

Bemerkungen	Das Modul ist identisch mit dem Ultimate-AM. Es unterscheidet sich nur insofern von ihm, als dass im Ultimate-CAM vier Erwachsenensender ohne zusätzliche Karte gesehen werden können.
	Das CAM arbeitet als ein Conax oder Irdeto-Modul, je nach dem Mode der benützten Smartcard: Irdeto Softcell Version 2.23B oder Conax Version 4.00.

Entavio-Modul

Das Entavio-Modul ist ein offizieles Cam. Es soll den Empfang der auf der Entavio-Plattform vermarkteten deutschen Pay-TV-Sender auch mit herkömmlichen CI-Receivern ermöglichen. Bislang werden über die Plattform nur wenige Einzelsender sowie Premiere angeboten. Allerdings funktionieren die Premiere-HDTV- und Erotik-Angebote sowie PPV nicht mit dem Modul. Für den Empfang der Entavio-Kanäle ist zudem eine Entavio-Smartcard erforderlich, für die eine monatliche Grundgebühr zu entrichten ist. Das Entavio-Modul unterstützt die Nagravision-Verschlüsselung.

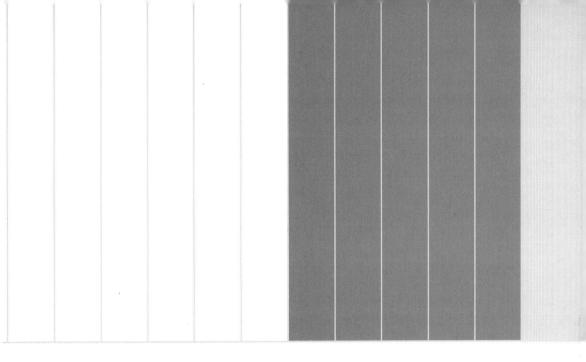

5 Alternative Module

Alternative Module sind häufig Multifunktions-CAMs. Viele von ihnen sind frei programmierbar und können so selbst für mehrere Verschlüsselungssysteme fit gemacht werden. Zum Teil werden solche Module als »Erotikmodule« angeboten, die gleichzeitig auch einen zeitlich limitierten Zugang zu einem Erwachsenensender beinhalten. Einige alternative Module werden ohne Betriebssystem ausgeliefert. Man muss sie erst selbst programmieren, um in ihnen alle nur erdenklichen Karten betreiben zu können.

5.1 Aktuelle CAMs für den deutschsprachigen Raum

Alternative Module können durch ihre Multifunktionalität durchaus überzeugen. Sie sind aber auch eine Geschäftsidee. Laufend kommen neue alternative Module auf den Markt. Hier gilt es genau zu überprüfen, ob es sich um ein bereits bekanntes CAM unter neuem Namen handelt, oder ob es tatsächlich Innovationen bietet. In der Folge stellen wir die für den deutschen Raum aktuellen Module vor.

Magic-Module

Das Magic-Modul kam 2002 auf den Markt und war eines der ersten Universal-CAMs, mit dem die verschiedensten Verschlüsselungssysteme funktionierten. Mit der im Auslieferungszustand aufgespielten Software war das Modul für nichts zu gebrauchen. Steckte man es in den Receiver, wurde es als »Dreamload« erkannt. Das war es dann aber auch schon. Magic-Module sind in fünf Versionen auf den Markt gekommen. Die Versionen 1.01 bis 1.05 unterschieden sich vor allem durch verschieden große Speicher. Die erste Serie ließ etwas zu wünschen übrig. Man konnte das Modul zwar problemlos patchen, es führte aber oft schon nach wenigen Minuten einen Reset durch, wodurch das CAM wieder in den Dreamload-Modus zurückfiel. Die Versionen 1.03 und 1.04 sind einfacher zu handhaben. Da es sich bei den Modellen um Hardware-Varianten handelte, konnte man etwa ein Magic-Modul 1.02 nicht auf ein 1.03-CAM per Software-Update aufrüsten.

Bild 5.1 Das Magic-Modul unterstützt die meisten wichtigen Verschlüsselungssysteme

Magic-Module werden mit einem sogenannten M-Progger gepatcht. Er ist ins Modul zu stecken und mittels seriellem Kabel an den PC anzuschließen. Eine LED zeigt, ob der Datenaustausch funktioniert.

Unterschiede im Funktionsumfang gibt es zwischen den Magic-Modul-Typen nicht. Die Software kann auf alle Varianten gespielt werden. Mit geeigneter Software funktionieren sogar die Karten des großen deutschen Pay-Anbieters im Magic-CAM.

Das Modul funktioniert auch als Emulator für die alten »1er-Verschlüsselungssysteme« wie etwa Irdeto 1 oder Viaccess 1. Die Produktion der Magic-Module ist eingestellt.

Bild 5.2 Bei diesem Magic-Modul handelt es sich um ein Stück aus der ersten Serie. Ein Aufdruck weist ferner darauf hin, dass das CAM nur für »Forschungsarbeiten« gedacht ist. Einen »normalen« Fernseh-Einsatz verspricht es nicht

Modul-Infos

Magic

P/N	8103-6/2002; Rev. 1.01 bis 1.05
Modul mit Flash-Speicher von Advanced Micro Devices	AM29LV160BB – 16 Mbit
Modul mit Flash-Speicher von Fujitsu Microelectronics	MBM29LV800B – 8 Mbit
Modul mit Flash-Speicher von ST Microelectronics	ST M29W160DB – 16 Mbit
Modul mit Flash-Speicher von Toshiba	TC58FVB160FT-85 16 Mbit; CMOS FLASH MIMORY
Modul unterstützt folgende Systeme:	Betacrypt Conax Irdeto 1 und 2 Seca 1 und 2 TPS Crypt Viaccess 1 und 2
Bemerkungen	Modul basiert auf SIDSA-Chipsatz.

Matrix-CAM

Es ist der Nachfolger des Magic-Moduls und kam ebenfalls in mehreren Versionen auf den Markt. Das Matrix-Modul ist eng mit dem Magic-CAMs verwandt. So kann man etwa auf das Matrix-Modul die Software des Magic-CAMs aufspielen und umgekehrt. Das Matrix-CAM ist ebenso ein Universal-CAM, mit dem man Zugang zu beinahe allen Verschlüsselungssystemen mit nur einem Modul hat.

Matrix-CAM Reloaded (grünes Label)

Das Matrix Reloaded ist das Nachfolge-Modul des Matrix-CAMs. Es arbeitet mit eigener Software. Für das CAM wurden eigene Files im Internet verbreitet. Es ist Seca-1- und -2-tauglich und wurde 2003 auf den Markt gebracht.

Bild 5.3   Das Matrix-Reloaded erkennt man am grünen Label

Modul-Infos

Matrix Reloaded/grünes Label)	
U-CAS v. 3.0	5 eingebaute Prozessoren
	Xilinx XC9536XL CPLD Version 3
	Flash: TOSHIBA TC58FVT160AFT
	Flash: AM29LV160BB – 16 Mbit
	Flash: ST M29W160DB – 16 Mbit
	Flash: MBM29LV800B (TO)
Xilinx XC9536XL CPLD Version 4	Flash: HYNIX HY29LV160

Matrix Reloaded/grünes Label)

Das Matrix Reloaded emuliert:	Betacrypt
	Irdeto 1
	Nagravision
	Seca 1 und 2
	TPS Crypt
	Viaccess 1 und 2
Das Modul unterstützt folgende Karten:	Betacrypt
	Conax
	CryptoWorks
	Irdeto 1 und 2
	Seca 1 und 2
	TPS Crypt
	Viaccess 1 und 2
	Videoguard

FreeX-TV

Auch das Free-X-TV-Modul kam 2003 auf den Markt. Es unterscheidet sich nicht vom Icecrypt-, Joker- und SkyCrypt-Modul. Es hat SkyCrypt eingebaut und ist Viaccess-1- und -2-tauglich. Zusätzlich schaltete das Modul den Erotiksender Full-X3M frei.

Das Free-X-TV-Modul ist eng verwandt mit dem Joker-, dem Icecrypt- und weiteren auf Neotion basierenden CAMs. Sie sind preiswert und universell einsetzbar.

Full-X-Modul

Bei ihm handelt es sich um einen Clon des schwarzen Icecrypt-Moduls. Es ist identisch mit allen Modulen, die den Neotion-Chipsatz eingebaut haben. Im Auslieferungszustand beherrscht das CAM SkyCrypt und ist Viaccess-1- und -2-kompatibel. Mit dem Kauf des Moduls erwirbt man zugleich die Freischaltung des Erotiksenders SexView XXX bis zum Jahr 2010.

Während früher Full-X-Module mit einem eigenen Label vertrieben wurden, wird heute auch das blaue Zeta-CAM als Full-X-Modul angeboten.

Icecrypt-Module

Das Icecrypt-Modul kam 2003 auf den Markt. Die Produktion der Module wurde inzwischen eingestellt.

Betrachtet man das Innenleben des Icecrypt-Moduls, entdeckt man, dass es identisch mit dem Free-X-, Joker- und SkyCrypt-Modul ist. Diese Module unterscheiden sich nur durch andere Aufkleber.

Neben dem schwarzen Icecrypt-Modul gibt es auch welche in anderen Farben.

Die verschiedenen Icecrypt-Module boten nach dem Kauf einen befristeten Zugang zu diversen Erotiksendern. So bot etwa das blaue Icecrypt-Modul einen auf ein halbes Jahr befristeten Zugang zum Erwachsenenkanal Don't Panic an. Die Decodierinfos waren bereits im Modul eingespielt, weshalb man für den Empfang dieser Sender keine zusätzliche Smartcard benötigt.

Wegen der Verwandtschaft des im Modul implementierten SkyCrypt-Systems zu Viaccess können in ihm auch Viaccess-1- und -2-Karten betrieben werden. Allerdings unterstützt das Icecrypt-Modul nur Viaccess-Grundfunktionen.

Bearbeitete Icecrypt-Module können auch Nagravision verarbeiten. Allerdings gibt es hier eine Besonderheit. Bei verschiedenen Pay-TV-Anbietern funktionierten die ausgegebenen Smartcards nur mit einem bestimmten Receiver. Die Box wurde anhand des sogenannten Box Keys (BK), eine Art Seriennummer, sozusagen mit der Karte verheiratet. Nur wenn die Karte in diesem einen Receiver steckte, konnte sie die Programme entschlüsseln.

Damit Box-Key-aktivierte Karten auch in Icecrypt-Modulen laufen, bieten sie einen Menüpunkt, in dem der Box Key des Receivers einzutragen ist, für den die Smartcard aktiviert wurde. Die Box-Key-Funktion wird übrigens auch von moderneren Modulen wie dem T-REX-Super-Modul 4.6 oder dem Diablo-CAM unterstützt. Die Box-Key-Unterstützung erlaubt, an einen bestimmten Receiver gebundene Smartcards in beliebigen Digital-Boxen betreiben zu können.

Auf IceCryp-Modulen lassen sich alternative Firmwares aufspielen. Sie erweitern den Funktionsumfang des Moduls auf weitere Verschlüsselungssysteme.

Bild 5.4 Das Icecrypt-Modul gibt es in verschiedenen Varianten. Ihre Bezeichnung beruht dabei auf der Farbe des Schriftzuges

Modul-Infos

Icecrypt Schwarz

P/N	1250/2002 Rev. 2.01
CAS-kompatibel mit:	Betacrypt
	CryptoWorks
	Irdeto 1 und 2
	Nagravision (with remote-BK)
	Seca 1 und 2
	TPS Crypt
	Viaccess 1 und 2
Bemerkungen	Basiert auf dem Neotion-Chipsatz.

Icecrypt Weiß

P/N	1250/2002 Rev. 2.01
Version 2D281Ee	Betacrypt
	CryptoWorks
	Irdeto 1 und 2
	Viaccess 1 und 2
Version 2A285Ee	Betacrypt
	Irdeto 1 und 2
	Seca 2
	Viaccess 1 und 2
Bemerkungen	Basiert auf dem Neotion-Chipsatz.

Icecrypt Blau

P/N	1250/2002 Rev. 2.01
Eingebautes Decodiersystem	SkyCrypt
CAS-kompatibel mit:	Betacrypt
	CryptoWorks
	Irdeto 1 und 2
	Nagravision (with remote-BK)
	Seca 1 und 2
	TPS Crypt
	Viaccess 1 und 2
Bemerkungen	Basiert auf dem Neotion-Chipsatz.

Icecrypt Rot

P/N	1250/2002 Rev. 2.01
Eingebautes Decodiersystem	SkyCrypt
CAS-kompatibel mit:	Betacrypt
	CryptoWorks
	Irdeto 1 und 2
	Nagravision (with remote-BK)
	Seca 1 und 2
	TPS Crypt
	Viaccess 1 und 2
Bemerkungen	Basiert auf dem Neotion-Chipsatz.

Joker-Modul

Das Joker-Modul kam 2003 auf den Markt. Seine Produktion ist inzwischen eingestellt. Es ist ein Neotion-Modul und identisch mit dem Free-X-, Icecrypt- und SkyCrypt-Modul. Es unterscheidet sich nur durch das Label von den anderen CAMs. Neben SkyCrypt ist das Joker-CAM auch Viaccess-1- und -2-tauglich.

Gebrauchte Module werden häufig mit einer anderen Firmware angeboten, mit der das Modul weitere Verschlüsselungssysteme unterstützt. Das Modul muss mit denselben Files wie etwa dasIcecrypt-Modul gefüttert werden.

Modul-Infos

Joker	
P/N	1250/2002
Rev.	2.01
CAS-kompatibel mit:	Betacrypt
	CryptoWorks
	Irdeto 1 und 2
	Nagravision (with remote-BK)
	NOZAP (SHC)
	Seca 1 und 2
	TPS Crypt
	Viaccess 1 und 2
Bemerkungen	Das Modul basiert auf dem Neotion-Chipsatz.

Super Joker-CAM

Es ist ein Clone des Joker-Moduls und identisch mit allen Modulen, die auf dem Neotion-Chipsatz basieren.

Gelbes Zeta-CAM

Das gelbe Zeta-CAM wurde 2003 eingeführt. Es unterscheidet sich vom Free-X-, Joker- und SkyCrypt-Modul nur durch den anderen Aufkleber. SkyCrypt sowie Viaccess-1 und -2 werden unterstützt.

Alte Zeta-CAMs decodierten ohne Karte einen Full-X-Erotiksender.

Gebrauchte Module werden häufig mit veränderter Firmware, die das CAM für weitere Verschlüsselungssysteme tauglich macht, angeboten. Weitere Hinweise zum Modul kann man unter *www.neotion.fr* finden.

Bild 5.5 Das gelbe Zeta-CAM kann neben SkyCrypt auch Viaccess 1 und 2 entschlüsseln

Blaues Zeta-CAM

Es gibt zwei Versionen des blauen Zeta-CAMs. Die ältere Variante erkennt man am Vollmetallgehäuse. Sie beherrschte neben SkyCrypt (= SHL = Neotion) auch Viaccess. Alte blaue Zeta-CAMs entschlüsselten die Full-X-Erwachsenenkanäle. Nachdem der Hersteller des Moduls die Zusammenarbeit mit Full-X beendete, wurde den Modulen als Ersatz SexView XXX implementiert. Die Unterseite des Gehäuses des neuen blauen Zeta-CAM-Moduls ist aus Kunststoff gefertigt. Diese Module können kein Viaccess mehr, womit sie ausschließlich für den Empfang von Erwachsenensendern taugen. Mit der aktuellen, Anfang 2007 verfügbaren Software ist der Zugang zum Erotiksender SexView XXX auf Hot Bird gewährleistet. Es wird versprochen, dass der Zugang zu diesem Kanal bis 2010 möglich sein soll.

Bild 5.6 Die verschiedenen Zeta-CAMs unterscheiden sich primär durch unterschiedliche Zugänge zu Erotiksendern

Matrix Revolutions-CAM (blaues Label)

Das Matrix Revolutions wurde im Sommer 2004 als Nachfolger des Matrix Reloaded-CAM eingeführt. Sein eingebauter Speicher hat die doppelte Kapazität wie der Vorgänger. Das CAM ist Seca-1- und -2-tauglich.

Das Matrix Revolutions-CAM benötigte gegenüber seinen Vorgängern eine eigene Software. Eine Abwärtskompatibilität ist nicht gegeben. Man musste sich das Modul etwa kaufen, um den einen oder anderen codierten Sender, der seit dem Erscheinen der Matrix-Vorgänger-Module on air ging, überhaupt sichtbar machen zu können.

Bild 5.7 Das Matrix Revolutions gilt als Nachfolge-CAM des Matrix Reloaded

Modul-Infos

Matrix Revolutions

U-CAS v. 3.1

Das Matrix Reloaded emuliert:	Betacrypt
	Irdeto 1
	Nagravision
	Seca 1 und 2
	TPS Crypt
	Viaccess 1 und 2
Das Modul unterstützt folgende Karten:	Betacrypt
	Conax
	CryptoWorks
	Irdeto 1 und 2
	Seca 1 und 2
	TPS Crypt
	Viaccess 1 und 2
	Videoguard

ALTERNATIVE MODULE

Matrix Reborn

Das Matrix Reborn ist eine Weiterentwicklung der bisherigen Matrix-Module. Es hat das Verschlüsselungssystem OmniCrypt implementiert und unterstützt weiter: Irdeto 1 und 2, Seca 1 und 2, Viaccess 1 und 2, CryptoWorks, Conax und Nagravision.

Ein freier Speicherbereich für MRT-Software ist im CAM vorhanden. Das Matrix Reborn kann via CAS2-Interface oder Fun-Karten programmiert werden.

Modul-Infos

Matrix Reborn

Z-CAS

Das Modul unterstützt folgende Karten:	Betacrypt
	Conax
	CryptoWorks
	Irdeto 1 und 2
	Seca 1 und 2
	TPS Crypt

PAY-TV

Matrix Reborn

	Viaccess 1 und 2
	Videoguard
Das Matrix Reloaded emuliert:	Betacrypt
	Irdeto 1
	Nagravision
	Seca 1 und 2
	TPS Crypt
	Viaccess 1 und 2

X-CAM

Das X-CAM tauchte im Frühjahr 2003 auf. Es hat das Verschlüsselungssystem X-Crypt integriert. Die Bearbeitung des Moduls ist zwar möglich, gilt aber als eher schwierig.

Bild 5.8 Das X-CAM wird ohne aufgespielte Software ausgeliefert

X-CAM-Premium-Modul

Beim X-CAM handelt es sich um ein klassisches Erotikmodul, das seit Ende 2004 verfügbar ist. Es ist mit einem sogenannten Angel-Chip ausgerüstet. Alte Module erlaubten ohne zusätzliche Smartcard bis Ende 2005 den Empfang der drei Free-X-Sender. Die neuere Version bietet einen auf zwölf Monate begrenzten Zugang zu den Erwachsenenkanälen Redlight Italia, Redlight Mixxx und InXtc.

Das X-CAM unterstützt nur XCrypt. Es kann aber mit einem Emulator ausgestattet werden, der jedoch nur die alten 1er-Varianten der Verschlüsselungssysteme unterstützt.

Das X-CAM Premium gibt es in mehreren Versionen, etwa als X-CAM Premium Orion oder X-CAM Premium Platinum. Sie alle haben nur X-Crypt implementiert.

Bild 5.9 Das X-CAM Premium zählt zu den klassischen Erotikmodulen

X-CAM-Premium Orion

Das X-CAM Premium Orion-Modul ist der Nachfolger des X-CAM Premium. Es ist mit einem Orion-Chip ausgestattet. Das CAM unterschied sich von den älteren Versionen durch eine neuere, universellere Software.

Reality-CAM

Das Reality-CAM ist ein originales Modul und seit 2004 verfügbar. Es unterstützt die Verschlüsselungsnorm OmniCrypt. OmniCrypt ist kompatibel mit: Conax, CryptoWorks, Irdeto 1 und 2, Seca 1 und 2 sowie Viaccess 1 und 2. Mit dem CAM erwirbt man den 12-monatigen Zugang zu den Erotikkanälen Dont't Panic, SexView, SexView Plus und 24/7 Sex TV. Es ist auch eine zweite Version des Reality-CAMs im Umlauf, das nur zwei Erotiksender entschlüsselt. Das Reality-CAM ist flashbar.

Bild 5.10 Obwohl auch das Reality-CAM ein typisches Erotikmodul ist, lässt es sich multifunktionell einsetzen

Modul-Infos

Reality

CAS kompatibel mit:	Conax CryptoWorks Irdeto 1 und 2 Seca 1 und 2 Viaccess 1 und 2
Bemerkung	Im Modul ist das Verschlüsselungssystem Omnikrypt integriert.

Dragon-Modul

Dieses Modul ist auch unter dem Namen Dragon Twin-Modul bekannt. Diese Bezeichnung ist auch am Label in großen Lettern zu sehen. Etwas kleiner ist der Aufdruck »Firecrypt« zu erkennen.

Das Modul ist seit 2003 auf dem Markt und unterstützt das Verschlüsselungssystem Dreamcrypt. Dreamcrypt und Firecrypt sind identische Systeme, womit im Modul auch Karten von in Firecrypt verschlüsselten Sendern verwendet werden können.

Bild 5.11 Die ältere Version des Dragon-Moduls hat nur einen Kartenleser eingebaut

Modul-Infos

Dragon

SAP-Nr.	8105/2003; Rev. 2.05 bis 3.03
SAP-Nr.	8105/2005; Rev. 4.1 mit Dual-Kartenleser
Flashbar	ja
Eingebaute Decodier-Technologie	Firecrypt
Bemerkung	Dieses Multicrypt-CAM basiert auf der Predator-Technologie.

Dragon

Das Modul emuliert:

Betacrypt
BISS
Conax
Irdeto 1 und 2
Nagravision
Seca 1 und 2
TPS Crypt
Viaccess 1 und 2

Folgende Karten werden
supportet:

Betacrypt
Conax
Dreamcrypt
Irdeto 1 und 2
Nagravision
Seca 1 und 2
TPS Crypt
Viaccess 1 und 2
Videoguard

Bild 5.12   Weitere Informationen zum Dragon-Modul sind unter *www.dragonmodul.com* zu finden

Was ist ein Fixed Crypted Word?

Seit Kurzem gibt es Programme, die das Fixed Crypted Word (CW) aus dem Datenstrom, der zur Smartcard geschickt wird, auslesen können. Über das CW können gegenwärtig einige verschlüsselte Programme sichtbar gemacht werden. Mit dem CW funktionieren diese Sender jedoch nur kurzfristig. Es werden Spielzeiten von wenigen Stunden bis zu einigen Tagen erreicht. Die Crypted Words werden im Internet veröffentlicht.

Dragon Twin-Modul

Das Dragon Twin-Modul unterscheidet sich nur durch den zweiten Kartenleser vom einfachen Dragon-Modul. Neben einer üblichen Smartcard in Scheckkartengröße nimmt es im oben eingebauten zweiten Lesegerät eine weitere Smartcard im SIM-Kartenformat auf.

Ansonsten gilt für das Dragon Twin-Modul alles, was auch schon beim »einfachen« Dragon-Modul erwähnt wurde.

Bild 5.13 Das Dragon Twin-Modul zeichnet sich primär durch den zweiten Kartenleser aus

TransGlobal-CAM

Das 2005 erschienene TransGlobal-CAM unterstützt die Verschlüsselungsnorm Dreamcrypt/Firecrypt). Es ist ohne und mit eingebautem zweiten Kartenleser an der Oberseite erhältlich. Es erlaubt den Betrieb von zwei Karten im Modul.

Das TransGlobal-CAM ist ein Clon des Firecrypt-/Dragon-CAM. Es ist identisch mit allen Modulen, die auf der Predator-Chiptechnologie beruhen.

Bild 5.14 Das TransGlobal-CAM wird für den Zugang zu Erotiksendern benötigt

Oasis-Modul

Das Oasis-Modul tauchte erstmals im Sommer 2006 auf und hat zwei Kartenleser eingebaut. Es ist Viaccess-1- und -2-kompatibel. Üblicherweise wird das Oasis-Modul gemeinsam mit einer zwölf-Monate gültigen Smartcard für Redlight TV angeboten. Das Upgrade auf weitere Decodiersysteme ist unter Verwendung eines Notebooks möglich. Die Funktionen des Oasis-CAMs sind mit dem T-REX-Modul vergleichbar.

Was ist ein Emulator?

Verschiedene Module können codierte Sender mit und ohne Smartcard entschlüsseln. Ohne Karte ist ein Emulator aktiv, der die erforderlichen Decodierdaten aus den im Modul eingegebenen Keys generiert. Dieser Emulator kann ausgeschaltet werden, womit das CAM nur mit Decodierkarten arbeiten würde. Ferner können in den Bedienungsoberflächen mancher Module Berechtigungen vergeben werden. So kann man etwa festlegen, dass das Modul zuerst auf die in ihm gespeicherten Keys und erst in zweiter Linie auf die eingesteckten Karten zugreift.

T-REX-Modul

Das T-REX-Modul unterscheidet sich nicht vom Dragon-Modul. Es ist seit Herbst 2005 verfügbar. Auf beide CAMs können dieselben Softwares aufgespielt werden. Genau wie baugleiche andere Module hat das T-REX-Modul einen zweiten Kartenleser eingebaut und unterstützt das Dreamcrypt-Codierverfahren. Das T-REX-Modul wird von den Erotiksendern InXtc und X-Plus eingesetzt.

Das T-REX-Modul unterstützt beinahe alle in Europa wichtigen Verschlüsselungssysteme. Mehr Infos zum T-REX-Modul gibt es unter *www.dragonmodul.com*

T-REX-Super-Modul

Das Super-Modul verzichtet auf den eingebauten SIM-Kartenleser. Das Modul gibt es mit den Software-Versionen 4.5 und aktuell 4.6. Für das Super-Modul gibt es ein eigenes Betriebssystem.

Im Modul soll ein RSA-Chip eingebaut sein, ähnlich wie auch unter anderem auf Anaconda-, Didem-, Cerebro- oder Daytona-Karten. Er wird mit der im Internet erhältlichen Software beschrieben.

Bild 5.15 Das T-REX-Modul in der Version 4.1 ist identisch mit dem Dragon-Modul

Das T-REX-Super-Modul ist abwärtskompatibel. Auf ihm kann auch die Software des T-REX 4.1 beziehungsweise des Dragon-Moduls aufgespielt werden.

Bild 5.16 Verschiedene Smartcards sind bereits vorgestanzt und lassen den Speicherchip bequem im SIM-Karten-Format herausbrechen

Das Super-Modul unterstützt zahlreiche, für Europa wichtige Verschlüsselungssysteme. Es zählt gemeinsam mit dem T-REX-4.1-CAM zu den derzeit am universellsten nutzbaren Modulen.

Bild 5.17 Das T-REX-Modul der Version 4.6 ist auch als Super-Modul bekannt

Das T-REX 4.5 kann vom qualifizierten »Spezialhändler« auf die neuere Version 4.6 upgedatet werden. Das T-REX-4.6-Modul kann mit der T-REX-Loader-Card, dem CAS-Interface II und II Plus sowie dem CAS-Interface III und III Plus programmiert werden.

Bild 5.18 Mit welcher Modul-Version man es zu tun hat, ist auch auf der Rückseite des T-REX-CAMs ersichtlich

Modul-Infos

T-REX

Bemerkungen	Mit geeigneter, installierter Software ist das CAM Multicrypt-fähig. Dreamcrypt und Firecrypt sind bereits implementiert. Das CAM basiert auf der Predator-Chiptechnologie.
Software	Für alle T-REX-Module: Predator-Betriebssystem. Für T-REX-Super-Module alternativ auch: Predasaur-Betriebssystem.
Das Modul arbeitet mit folgenden Smartcards:	Betacrypt Irdeto 1 und 2 Nagravision Seca 1 und 2 TPS Crypt Viaccess 1 und 2 Videoguard Conax Dreamcrypt
Das Modul emuliert:	Betacrypt BISS Conax Irdeto 1 und 2 Nagravision 1 und 2 Seca 1 und 2 TPS Crypt Viaccess 1 und 2

Was ist ein Security-Update?

Die Betriebs-Softwares neuerer Module können ein sogenanntes »Security Update« zulassen. Darunter versteht man Updates, deren Inhalte nicht publik sind. Sie enthalten etwa zum Beispiel exklusive Keys oder Möglichkeiten, Programme sichtbar zu machen, die ansonsten nicht bekannt sind. Zu ihnen findet man auch im Internet nichts. Beim Security Update werden die Keys in den internen Speicher des Moduls geschrieben. Security Updates werden etwa mit Loaderkarten in das Modul eingespielt. Das Security Update ist in erster Linie als Verkaufsstrategie zu betrachten. Der Entwickler will mit exklusiven Kanälen Kundenkreise anlocken, die ihre Wünsche mit anderer Hard- und Software nicht stillen können.

Diablo-CAM

Das Diablo-CAM ist ebenfalls mit zwei Kartenlesern ausgestattet. Es unterstützt die Conax-Verschlüsselungsnorm. Neben dem »normalen« Diablo-CAM gibt es mit dem Diablo-Wireless-CAM eine zweite Variante, die zusätzlich den Wireless-Standard unterstützt. Diese Version wird auch als Diablo-Standard-CAM bezeichnet. Das Wireless-Modul verfügt über keinen Kartenschlitz. Die Smartcard ist in eine Basisstation zu stecken. Über die Wireless-Verbindung kann die Karte gleichzeitig für verschiedene Programme an zwei Receivern genutzt werden. Jeder von ihnen muss mit einem eigenen Wireless-CAM ausgestattet sein. Das einfachere Modell trägt auch den Namen Diablo-CAM-Light.

Bild 5.19 Das Diablo-CAM hat zwei eingebaute Kartenleser. Es zählt zu den am universellsten nutzbaren Modulen

Diablo-CAMs zählen zu den aktuellen Modulen, die beinahe alle gängigen Verschlüsselungssysteme unterstützen. Das Diablo-CAM entschlüsselt mit Conto TV und Free-X TV auch zwei Erotiksender.

Modul-Infos

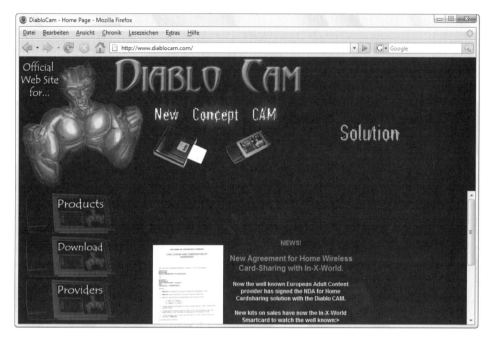

Bild 5.20 Details zum Modul sind unter *www.diablocam.com* verfügbar

---

Diablo-CAM

CPU-Geschwindigkeit	50 MHz
Streaming Chipset	100 MHz
	16 MBit Data-Flash mit File-System 512 kByte S-Ram
Optionen für Diablo-Wireless-CAM	Drahtlose Verbindung von bis zu 6 Karten. Reichweite bis zu 80 Meter. Update-bar mittels Funcard, OTA oder CAS-Interface.
Das Modul arbeitet mit folgenden Smartcards:	Betacrypt Irdeto 1 und 2 Seca 1 und 2 Viaccess 1 und 2 CryptoWorks Conax Dreamcrypt

Diablo-CAM

Das Modul emuliert:	BISS
	Conax
	CryptoWorks
	Irdeto 1 und 2
	Nagravision 1 und 2
	Seca 1 und 2
	TPS Crypt
	Viaccess 1 und 2

Giga-Cam

Das Giga-Cam gibt es in zwei Versionen. Das grüne Giga-Twin-Cam-Modul wurde im April 2007 auf den Markt gebracht. Es verfügt über zwei eingebaute Kartenleser und unterstützt keines der bekannten Verschlüsselungssysteme. Das Giga-Cam wurde verschiedentlich als Nachfolger des Diablo Cams bezeichnet, womit sein illegales Haupteinsatzgebiet feststeht.

Seit Februar 2008 ist zudem das Giga Blue Cam erhältlich. Es scheint sich vom grünen Giga Cam nur durch den anders gefärbten Aufkleber zu unterscheiden. Weiter dürfte das neue Cam mit einem großzügigeren Speicher ausgestattet sein. Das Modul wird mitunter auch im Bundle mit einem speziellen »Giga-Programmer« angeboten, mit dem sich universelle Softwares auf das Cam aufspielen lassen. Je nach Aktualität der Files wird so der nicht legale Zugang zu diversen verschlüsselten Pay-Programmpaketen freigegeben. Neben Nagravision, das im deutschen Pay-TV zum Einsatz kommt, lassen sich damit auch Sender aus Osteuropa und etwa Frankreich sichtbar machen. Weiter beherrscht das Modul in Mediaguard codierte Sender. Selbst das in Conax verschlüsselte TechniSat-Pay-Radio ist mit dem Giga Cam mit originaler Smartcard zugänglich.

Bild 5.21 Giga Blue Cam

Mitunter ist der Umgang mit dem Modul etwas gewöhnungsbedürftig. Je nach verschlüsseltem Sender dauert es bis zu etwa 90 Sekunden, ehe die Inhalte am Bildschirm sichtbar werden. Damit das Modul überhaupt arbeiten kann, ist in seine Menüoberfläche einzusteigen und unter »Parental Lock« »8888« einzugeben.

6 Über Pay-TV-Karten

Spezielle Decodierkarten fanden bereits im analogen Satellitenzeitalter Anwendung. Zu Beginn der 90er-Jahre des letzten Jahrhunderts waren vor allem in VideoCrypt 1 verschlüsselte Sender sowie in D/D2Mac codierte Programme Ziel der Hacker. Zu der Zeit gab es neben Decodern als Beistellgeräte auch schon erste Analog-Receiver mit integrierten Verschlüsselungssystemen. Sie arbeiteten bereits mit Decodierkarten, so wie sie auch heute noch üblich sind.

Erste alternative Karten wurden zum Teil manuell in Kleinserien gefertigt. Dazu wurden auf eine Platine, die etwa die Abmessungen einer Smartcard hatte, kleine Schaltungen mit Speicherbausteinen gelötet. Sie konnten nicht zu Hause umprogrammiert werden. Nach einem Codewechsel musste man die Karten an einen Händler schicken, der sie meist gegen eine Gebühr updatete. Meist geschah das in der Form, dass die Karte, nachdem man sie wieder zurückbekommen hatte, plötzlich ganz anders aussah.

6.1 Frei programmierbare Pay-TV-Karten

Im Digitalzeitalter unterscheiden sich frei programmierbare Karten im äußerlich sichtbaren technischen Aufbau nicht mehr von den Smartcards, die die Sender ausgeben. Zum Teil sind auf diversen alternativen Karten nette Bildchen aufgedruckt, oder sie sind in neutralen Farben wie etwa in Weiß gehalten. So ist der Karte nicht anzusehen, um welche Type es sich handelt. Das entscheidet letztendlich, wofür sie genutzt werden kann.

Hat man mehrere neutrale Karten zu Hause, empfiehlt sich, diese sofort entsprechend zu beschriften. Weiß man nicht mehr, mit welchen Karten man es zu tun hat, kann man nur versuchen, sie mit verschiedenen Softwares zu bearbeiten. Anhand der Software, mit der man zum Erfolg gelangt ist, lässt sich die Karte nachträglich identifizieren. Komfortabler ist, die Karte mittels geeigneter Programme zu identifizieren.

Nicht jede frei programmierbare Karte lässt sich gleichsam nutzen. Alte Kartentypen sind zum Teil mit sehr geringer Speicherkapazität ausgestattet. Sie genügen mitunter gerade einmal, um die Codes für ein einziges Programmpaket aufzunehmen, vorausgesetzt, dieses ist noch mit alten Verschlüsselungssystemen wie Betacrypt 1 oder Viaccess 1 codiert. Für in moderneren Codierverfahren verschlüsselte Programme reicht die Speicherkapazität solcher Karten in der Regel nicht mehr, um auch nur die Parameter eines einzigen Pakets aufzunehmen. Die Eeproms »historischer« Karten boten mitunter nur 16 kBit, während aktuelle Karten bis zu 2.048 kBit speichern.

Die schier unübersehbare Vielfalt an selbst beschreibbaren Karten ist aber nur zum Teil im allgemeinen technischen Fortschritt begründet. Viele Karten wurden für spezielle Anwendungen »kreiert« und werden entsprechend vermarktet.

Für verschiedene ältere Karten wird nur noch zum Teil Software angeboten. Hier muss man sagen, dass sie zum Teil vom technischen Fortschritt überrollt wurden. Karten, die auf dem RSA-Chipsatz basieren, wurden bislang immer nur für eine bestimmte Anwendung vermarktet.

Goldwafer

Die Goldwafer-Karte ist mit einem Prozessor PIC 16F84 und einem 16-kBit-Eeprom (24C16) ausgestattet.

Vergleicht man verschiedene Goldwafer-Karten, findet man auf ihnen häufig kleine, voneinander abweichende Aufdrucke. Die Hersteller der ersten Goldwafer-Karten hatten Probleme mit Reklamationen. Zum Teil hatten sich die Karten verbogen oder ließen sich nicht beschreiben. Um sicherzugehen, dass die retournierten Karten auch tatsächlich vom jeweiligen Händler stammen, oder um sie bestimmten Kartenserien zuordnen zu können, wurden die Goldwafers gekennzeichnet.

Goldwafer-Karten werden selbst 2007 noch supportet. Während der Arbeiten zu diesem Buch standen etwa aktuelle Files für ORF (Österreich), SRG (Schweiz) und D+ (Spanien) bereit.

Bild 6.1   Von den fünf gezeigten Goldwafer-Karten sind vier bedruckt. »VSD« kennzeichnet hier den Hersteller/Vertreiber der Karte. Die Karten haben zudem leicht voneinander abweichende Farben

Funcard: Allgemeines

Innerhalb der einzelnen Funcard-Serien gibt es verschiedene Modelle. In der Bestückung bei den Prozessoren und Eeproms unterscheiden sie sich jedoch nur insofern, als dass sie von unterschiedlichen Herstellern stammen können.

Bild 6.2 Die Funcard ist neutral in Rot eingefärbt

Die Karten unterscheiden sich auch optisch. Am weitesten verbreitet sind die »Open-Platform-Karten« mit dem aufgedruckten Frauengesicht und die »Galaxy-Karten« mit einem Mondbild. Sehr alte Funcards gab es sogar noch als gelötete Ausführungen. Trotz ihres hohen Alters gibt es noch immer aktuelle Files für die Funcard.

Bild 6.3 Galaxy Card ist eine Funcard mit etwas anderem Design

Funcard 2 Wafer

Die Funcard 2 ist mit einem schnelleren Prozessor als ihr Vorgänger ausgestattet. Als Eeprom kommt ein 24LC64 mit 64 kBit zum Einsatz. Die Funcard 2 ist für alle Programmiergeräte geeignet.

Funcard 4

Die Funcard 4 verfügt wie die Funcard 2 über einen AT90S8515A-Prozessor von Atmel. Sie hat auch einen größeren Speicher. Der eingebaute Motorola-Speicher 24LC256 fasst 256 kBit. Die Funcard 4 ist für alle Programmiergeräte geeignet.

Funcard 5

Die Funcard 5 unterscheidet sich von der Funcard 4 durch einen abermals größeren Eeprom-Speicher. Sie hat einen 24LC512-Speicher von Motorola mit einer Kapazität von 512 kBit eingebaut. Als Prozessor kommt wie auch bei der Funcard 2 und 4 der Prozessor Atmel AT90S8515A zum Einsatz. Die Karte ist für alle Programmiergeräte geeignet.

Funcard 6

Die Funcard 6 arbeitet ebenfalls mit dem schnellen Atmel-Prozessor AT90S8151A. Diese Karte wurde jedoch mit einem 1.024 kBit großen Speicher, Type Motorola 24LC1024, bestückt. Die Karte ist mit allen Programmiergeräten beschreibbar.

Die Karte ist abwärtskompatibel zur Funcard 2, 4 und 5 und somit auch zur Modulaktualisierung geeignet. Mit ihr kann man etwa Joker- oder Zeta-CAM-Module bearbeiten.

Funcard 7

Wie bei den anderen Funcards wird auch bei ihr der bewährte und schnelle Atmel-Prozessor AT90S8151A verwendet. Die Funcard 7 hat einen Eeprom mit abermals doppelter Speicherkapazität eingebaut. Sie ist mit einem 24LC2048 bestückt.

Atmega 163

Die Atmega-163-Karte verfügt über den sehr schnellen und hochwertigen Prozessor Atmel ATMega 163 und einen AVR-Microcontroller mit 256 kBit großem Speicher, Type: 24LC256. Die AT-Mega-163-Karte ist für alle Programmierungen geeignet und einfach handhabbar. Ältere Karten haben zum Teil einen etwas langsameren Prozessor eingebaut, der für die Schnelligkeit der Key-Abfrage nicht immer geeignet war. Schnelle Prozessoren gewährleisten ein anstandsloses Funktionieren.

Atmega-Karten gibt es als OP- und IC-Version. Das lässt darauf schließen, dass es von dieser Kartentype auch noch eine gelötete Variante gab.

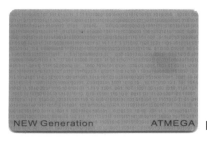

Bild 6.4 Vorder- und Rückseite der Atmega-Karte

Jupiter 1

Die Jupiter-1-Karte ist eine der Nachfolgekarten der Funcard mit einem etwas schnelleren Prozessor. Sie ist mit einem AT902323/43-Prozessor und einem 16 kBit großen Eeprom bestückt. Der AT-Prozessor der Jupiter 1 ist etwas größer als der der Fun-Karte.

Man bekommt für die Jupiter-Karte genauso wie für die Funcard oder Goldwafer-Karte auch heute noch aktuelle Software. Sie ist allerdings sehr rar, und man muss mitunter lange danach suchen. Die Files für Goldwafer, Fun und Jupiter sind abwärtskompatibel. Man kann also für eine Goldwafer-Karte vorgesehene Daten auch problemlos auf eine Fun- oder Jupiter-Karte schreiben. »Fun-Dateien« laufen zum Beispiel auch auf der Jupiter-Karte. Lediglich die für die Jupiter-Karte vorgesehenen Dateien funktionieren nicht auf Fun oder Goldwafer.

PIC-Card 2 Wafer

Die PIC2- beziehungsweise Silverwafer-Karte ist der Nachfolger der Goldwafer-Karte. Sie verfügt über einen schnellen PIC16F876-Prozessor und hat einen 64-kBit-Eeprom (24C64) an Bord. Die Karte ist für alle Programmer geeignet.

PIC-Card 4

Sie nutzt einen PIC-16F877-Prozessor und einen Eeprom mit 256 kBit Speicherkapazität (24LC256).

Platinum-Card

Die Platinum-Karte ist eine frei programmierbare Hochleistungskarte mit RSA-Chip. Im Auslieferungszustand ist die Karte leer. Auf ihr befindet sich lediglich ein Platinum-Bootloader. Es kommt ein AT90SC6464C-Prozessor zum Einsatz. Als Flash-Speicher kommt ein Eeprom mit 64 kBit zum Einsatz.

Die Karte ist mit verschiedenen Programmiergeräten beschreibbar, wie etwa: Phoenix-Programme, Black Progger, Smartmouse und weitere.

Titanium-Card

Die Titanium-Card ist der Nachfolger der Fun-Karte und mit einem größeren Speicher und schnelleren Prozessor ausgestattet. Die Files der Titanium-Card können auch für die Titanium-Card 2 verwendet werden, womit sich zwischen beiden Karten kein Unterschied ergibt. Die Titanium ist eine Multi-Entschlüsselungskarte.

Titanium-Card 2

Die Titanum-Card 2 verfügt über einen 32 kBit großen Flash-Speicher, von dem 28 kBit zur freien Verfügung stehen. Der RAM-Speicher ist 1 kBit, der Eeprom 32 kBit groß. Die Karte ist mit 3,57 MHz programmierbar. Die Karte unterstützt die RSA-Verschlüsselungsnorm, mit der die auf die Karte aufgeschriebenen Files codiert sind und ausgelesen werden.

Knotcard 1 RSA-Card

Die Knotcard 1 ist eine Hochleistungs-RSA-Karte. Sie hat einen AT90SC6464C-Prozessor eingebaut. Flash und Eeprom sind je 64 kBit groß.

Knotcard 2 RSA-Card

Die Knotcard 2 ist eine Hochleistungs-RSA-Karte mit OS 3.5. Sie ist mit demselben Prozessor wie die Knotcard 1 bestückt. Flash-Speicher und Eeprom sind ebenfalls 64 kBit groß.

Die Karte unterscheidet sich von ihrem Vorgänger nur durch eine verbesserte Betriebs-Software. Es ist durchaus übliche Praxis bei den Kartenherstellern, für ihre bereits auf den Markt gebrachten Karten keine Software-Updates bereitzustellen. Wird das Betriebssystem verbessert oder funktionell erweitert, geht das häufig, so wie auch bei der Knotcard 2, mit der Ausgabe neuer Karten einher. Möchte man von den Verbesserungen profitieren, ist die neuere Kartenversion anzuschaffen.

Der Umstand wird auch untermauert, wenn man sich die technischen Daten diverser Karten betrachtet. So sind etwa die Verschlüsselungsnormen der verschiedenen Karten oder die verwendeten Protokolle (T0 oder etwa T1) gleich. Ihre Datenspeicher haben häufig die gleiche Größe usw.

Die Knotcards gehören zu den ersten Karten, die mit RSA-Verschlüsselung codiert sind. Das heißt, dass diese Karten nicht mehr ohne Weiteres ausgelesen werden können. Sie sind damit nicht clone- oder kopierbar. Damit ist man auf die Anwendungen angewiesen, die der Kartenhersteller speziell für eine bestimmte Karte anbietet.

Basic-Card

Die Basic-Card wurde nur von einem einzigen Hersteller im Internet angeboten. Sie wurde von der M2 Card abgelöst.

M2-Card

Die M2-Karte ist mit einem 50-MHz-Prozessor sowie je einem 64 kBit großen Flash-Speicher und Eeprom bestückt.

Wild-Card

Die Wild-Card besitzt je einen Flash-Speicher und einen Eeprom mit 64 kBit Speichervermögen.

Bild 6.5 Die Wild-Card ist mit einem netten Bildchen bedruckt

Sie ist mit 3,57 MHz programmierbar. Die Karte arbeitet mit einer RSA-Verschlüsselung.

Opos-Card 1.03

Die Opos-Card 1.03 ist MultiOS-fähig. Der Flash-Speicher und Eeprom sind je 64 kBit groß. Die Karte wird nicht mehr produziert. Sie wird aber nach wie vor auf eBay angeboten. Die Karte ist mit einem immer wieder veränderbaren Betriebssystem (MultiOS) ausgestattet und unterstützt die Verschlüsselungsnormen DAS, EEC und RSA. Darunter versteht man Algorithmen, mit denen die auf die Karte aufzuspielenden Daten verschlüsselt sind. Die Files werden mit diesen Normen verschlüsselt an die Karte geschickt beziehungsweise wieder ausgelesen.

Bild 6.6   Opos-Card der Version 1.03

Opos-Card 1.05

Die Opos-Card 1.05 ist MultiOS-fähig. Der Flash-Speicher und Eeprom sind je 64 kBit groß.

Die Karte ist mit verschiedenen Programmern, wie etwa Phoenix-, Infinity- oder Dynamite-Programmern, beschreibbar. Die Karte ist MultiOS-fähig und unterstützt die Verschlüsselungsnormen: RSA, DSA, ECC.

K3-Karte

Bei ihr handelt es sich um eine Knotcard der dritten Version. Flash und Eeprom sind auch bei ihr mit 64 kBit gegenüber den anderen Knotcards unverändert groß. Die Karte ist mit 3,58 MHz im Phoenix-Mode programmierbar. Sie unterstützt die RSA-Verschlüsselung.

Dragon-Loader-Card

Genau genommen handelt es sich bei der Dragon-Loader-Card um die gleiche Karte wie die T-REX-Loader-Card. In beiden Fällen kommt meist eine Funcard 7 zum Einsatz, die mit speziellen Loader-Programmen für das Dragon- und T-REX-CAM bespielt ist. Abgesehen von dieser Software handelt es sich um übliche beschreibbare Smartcards, die auch für andere Zwecke nutzbar sind. Es handelt sich also um eine Standard-Chipkarte mit einem AT90S8515A-AVR-Risc-Controller und einem 24LC2048-Eeprom. Die Loader-Karte ist zur Aktualisierung der Firmware aller Dragon-Modul-Varianten geeignet.

T-REX-Loader-Card

Grundsätzlich gilt für die T-REX-Loader-Card das Gleiche wie für die Dragon-Loader-Karte. Interessant ist, dass es aber auch eine zweite Type von Loader-Karten gibt. Auch bei ihnen handelt es sich um Standard-Chipkarten. Sie sind mit einem PIC-Microcontroller des Typs 16F84 bestückt. Weiter ist ein Eeprom 24LC2048 im Kontaktpad eingebaut. Die Karte kann etwa zum Programmieren von T-REX- oder Dragon-Modulen genutzt werden. Genaueres zu den Unterschieden dieser Karten ist jedoch nicht bekannt.

Neben der T-REX-Loader-Card gibt es auch eine Dragon-Loader-Card. Sie unterscheiden sich nur durch ihr auf der Karte aufgedrucktes Bildchen. Beide Karten können uneingeschränkt für beide Module genutzt werden.

Bild 6.7 Die Dragon-Loader-Card kann für das Dragon- und T-REX-Modul genutzt werden

Cerebro-Karte

Die Cerebro-Karte nutzt einen Prozessor von Atmel, Type AT90SC6464C, und enthält einen Eeprom mit 64 kByte sowie einen 64 kByte großen Flash-Speicher und ein 3 kByte großes RAM, auf dem ein spezielles, in RSA verschlüsseltes

Betriebssystem läuft. Die Karte ist mit 3,58 MHz im Phoenix-Mode beschreibbar. Die Cerebro-Karte gibt es seit Ende 2005.

Im Streit um die Cerebro-Karte hat sich Premiere auch den Namen »Cerebro« sichern lassen und seine weitere Verwendung untersagt. Seit »Cerebro« ein eingetragenes Warenzeichen der Premiere Fernsehen GmbH ist, wird die Karte als »Zebra-Karte« gehandelt. Klone der Zebra-Karte sind etwa die Anaconda-, Daytona- und Didem-Karte.

Bild 6.8 Die Cerebro-Karte der ersten Generation ist neutral weiß gefärbt. Spätere Versionen zeigen ein Bild mit Zebras

Didem-Karte

Die Didem-Card ist ein Nachfolger der »Zebra-Karte« und bietet auch die gleichen Funktionalitäten. Sie hat je einen 64 kBit großen Flash- und Eeprom-Speicher eingebaut. Die Karte unterstützt die RSA-Verschlüsselung. Sie ist mit 3,58 MHz programmierbar.

Daytona-Karte

Die Daytona-Karte ist der Nachfolger der Cerebro- und Didem-Karte. Sie ist mit einem Atmel-6464C-Prozessor mit OS sowie einem RSA-Verschlüsselungschip ausgestattet. Zur Größe von Flash-Speicher und Eeprom gibt es unterschiedliche Aussagen. Sie sollen je 64 oder 72 kBit Speichervermögen besitzen.

Bild 6.9 Die Daytona-Karte ist nur mit einem einfachen Schriftzug gekennzeichnet

Die Karte ist im Phoenix-Mode mit 3,58 MHz mit verschiedenen Programmern, wie Infinity USB Phoenix, Infinity USB Unlimited, Smartmouse USB und so weiter beschreibbar.

Anaconda-Karte

Die Anaconda-Card besitzt je einen 72 kBit großen Flash- und Eeprom-Speicher und hat einen RSA-Chip eingebaut. Damit ist man, wie bei allen RSA-Karten auf Files des Kartenherausgebers angewiesen. Sie ist im Phoenix-Mode mit 3,58 MHz programmierbar. Auch die Anaconda-Karte zählt zu den aktuell am Markt erhältlichen Karten.

Bild 6.10 Die Anaconda-Karte zählt zu den neuesten Kartenmodellen am Markt.

Minerva-Karte

Die Minerva-Card besitzt je einen 72 kBit großen Flash- und Eeprom-Speicher. Sie ist eine RSA-Karte und im Phoenix-Mode mit 3,58 MHz programmierbar. Die Minerva-Karte ist mit der Anaconda-Card vergleichbar. Für sie gibt es einen speziellen Loader und ein eigenes File. Die Karte ist direkt mit der Zebra-Karte vergleichbar und bietet auch den gleichen Funktionsumfang.

Künftige Karten

Im Frühjahr 2008 waren, wie schon im Jahr zuvor, die Minerva- und Anaconda-Karten angesagt. Vereinzelt traten jedoch auch die Platinum- und die Gamma-Card in Erscheinung. Grundsätzlich ist zu sagen, dass mehrmals innerhalb eines Jahres neue Karten auf den Markt kommen, die sich von den Vorgängermodellen nicht oder kaum unterscheiden. Der einzige Unterschied ist, dass man bei den einzelnen Kartentypen jeweils auf die Files und den Goodwill einer anderen Hacker-Gruppe angewiesen ist. Hier hat der in modernen CAMs und Karten eingebaute RSA-Chip nicht unerheblich dazu beigetragen, eine starke Bindung des Kunden an den Hersteller herzustellen.

Im Laufe des Jahres 2007 ist die Bedeutung der beschreibbaren Smartcards allgemein zurückgegangen. Sie finden vorwiegend für »Sonderanwendungen«, wie etwa das im Frühjahr 2008 geknackte Conax, Anwendung. Der Trend geht jedoch zu programmierbaren Modulen, die den Zugang zu verschiedenen Pay-Angeboten frei machen, wobei hier die »alten Bekannten« wie T-Rex, Dablo, aber auch das grüne oder blaue Giga-Cam zu Ehren kommen. Sie sind direkt programmierbar und erfordern keine Smartcard mehr.

2007 wurde, so man den Aussagen der Pay-TV-Anbieter Glauben schenkt, der Markt mit preiswerten flashbaren Digitalboxen überschwemmt, die als sogenannte Free-to-Air-Geräte mitunter für weniger als 40 Euro angeboten wurden. Sinngemäß ist man auch bei ihnen dem Goodwill einzelner Hacker-Gemeinden ausgeliefert. Damit kann mit ihnen der Empfang verschlüsselter Kanäle über Nacht ein jähes Ende finden.

Die Beispiele zeigen auch, wie wenig es tatsächlich notwendig ist, stets die neueste Karte zu Hause haben zu müssen. Abgesehen davon sind sie oft schon so teuer, dass man sich aus rein wirtschaftlichen Überlegungen fragen muss, ob sich illegale Karten und Module überhaupt rechnen.

6.2 Alte Pay-TV-Karten

Zu Beginn der Digital-Hacks kamen noch keine speziellen Module oder Smartcards zur Anwendung. Anfangs wurden dazu die von den Programmveranstaltern ausgegebenen Karten genutzt. Mit den ersten Programmiergeräten und Softwares konnten abgeschaltete Karten so, wie sie nach einem abgemeldeten Abo übrig geblieben sind, zu neuem Leben erweckt werden. Je nach Karten-Type war das mehr oder weniger einfach zu bewerkstelligen. Sehr einfach funktionierte es mit den alten, schwarzen Pay-TV-Karten, wie sie in Deutschland und Österreich Verbreitung fanden. Wesentlich schwerer funktionierte das bei den ersten roten Karten eines bekannten Anbieters.

Welche und wie viele Kanäle des gewünschten Pay-TV-Anbieters mit den verschiedenen bearbeiteten Karten zu sehen waren, variierte jedoch. Selbst wenn eine nachprogrammierte Karte in einer d-Box 1 zufriedenstellend funktionierte, hieß das nicht, dass sie auch in einer zweiten d-box 1 lief. Es kam dabei in hohem Maße auch darauf an, welche Modulversionen in den Receivern eingebaut waren. Mit alten Pay-TV-Karten aus dem deutschen Sprachraum konnte man alle in Irdeto 1 codierten Sender sichtbar machen. Heute kann man sich mit diesen alten Karten noch einen »freien« Zugang zu Sendern der südlichen Regionen des deutschen Sprachraums basteln. Allerdings nur noch so lange, wie diese auch noch in Betacrypt 1 verschlüsseln.

Betacrypt-Karten wurden früher vom österreichischen ORF ausgegeben. Bei den österreichischen Karten handelte es sich um eine etwas sicherere Variante als die in Deutschland, von einem anderen Programmveranstalter ausgegebenen Karten. Dennoch sind auch sie noch heute programmierbar. Auf ihnen kann man noch einige wenige Sender freischalten. In Österreich geht das auf offiziellem Wege, indem man beim Sender um einen erneuten Freischaltimpuls bittet. Ins Ausland gelangte ORF-Karten lassen sich auf diese Weise nicht wieder zum Leben erwecken.

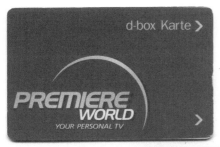

Bild 6.11   Alte Premiere-Karten (oben und Mitte) waren nur mit geringen Sicherheitsmerkmalen ausgestattet. Wie gut sie im Detail funktionierten, hing jedoch sehr von der Kartenversion ab

Solange es noch Programme gibt, die die Betacrypt-Verschlüsselung nutzen, kann man mit alten Betacrypt-Karten Sender freischalten.

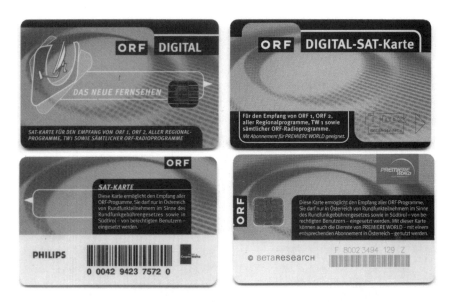

Bild 6.12 Neue ORF-Karte (links) und alte ORF-Karte (rechts) mit Vor- und Rückseite. Die alten Karten sind unter anderem am »Beta-Research-Schriftzug« oder dem aufgedruckten Premiere-Zeichen zu erkennen.

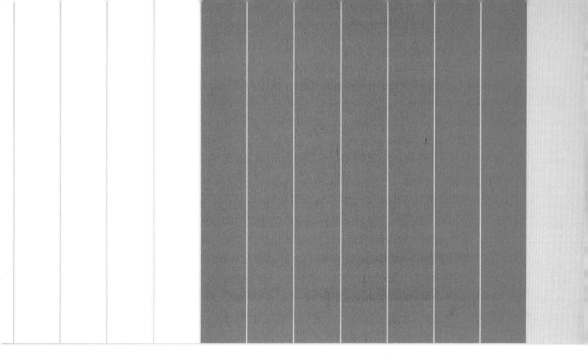

7 Programmer im Einsatz

Um Karten und/oder Module bearbeiten zu können, braucht es Programmiergeräte. Die Auswahl an Programmern ist groß, auch deshalb, weil über die Jahre immer wieder neue Modelle auf den Markt gekommen sind. Das heißt aber nicht, dass man für neue Karten auch einen neuen Programmer benötigt. Meist tun es auch die alten Geräte, wie man sie unter anderem gebraucht im Internet bekommen kann.

Programmer unterscheiden sich unter anderem in der Schnittstelle. Ältere Geräte benötigen in der Regel eine serielle RS-232-Schnittstelle. Auf diese wird bei neueren Rechnern jedoch vermehrt verzichtet. Neuere Programmer arbeiten über den USB-Port, wobei sie USB 1.1 und USB 2.0 unterstützen. USB-Programmiergeräte haben den Vorteil, dass sie keine zusätzliche Stromversorgung benötigen. Bei alten Programmern brauchte man dazu ein zusätzliches externes Netzgerät, das aber nur in seltenen Fällen im Lieferumfang enthalten war.

Anfangs gab es nur Programmer in Form einer offenen Platine, auf der ein Kartenleser eingebaut war. Erst später wurde den Geräten auch ein Gehäuse spendiert. Zum Bearbeiten der Module benötigte man ein Notebook mit PCMCIA-Schacht. In ihn war das Modul zu stecken. Diese Methode ist im Übrigen auch heute noch genauso aktuell wie etwa zur Jahrtausendwende.

Inzwischen gibt es aber auch schon USB-Programmer für Module. Der letzte Schrei sind jedoch Geräte mit einem Modul- und Kartenschacht. Mit ihnen kann man bequem Karten und CAMs bearbeiten. Angesichts dessen, dass nicht jeder ein Notebook zu Hause hat und selbst bei diesen bei neuen Rechnern schon auf die PCMCIA-Schnittstelle verzichtet wird, ist das eine äußerst interessante Programmer-Variante.

7.1   Funktionsumfang aktueller Programmer

Die folgende Tabelle zeigt, welchen Funktionsumfang aktuelle Programmer bieten. Die berücksichtigten Programmer sind zufällig ausgewählt und stellen keine Kaufempfehlung dar.

Programmierbare Kartentype	Smarthouse-Programmer	CAS Interface 3+
Anaconda-Card	x	x
Atmega		x
Daytona-Card		x

Programmierbare Kartentype	Smarthouse-Programmer	CAS Interface 3+
Didem-Karte	x	x
Firecrypt Loader-Card	x	x
Funcard		x
Goldcard		x
K3-Card	x	x
Knotcard 1	x	x
Knotcard 2	x	
M2-Card	x	
Opos-Card Rev. 1.03	x	x
Pentacard V3	x	
Platinum-Card	x	x
Titan-Card	x	
Titanium-Card	x	x
Wild-Card	x	x
Zebra-Card	x	x

Der Smarmouse-Programmer arbeitet mit den Taktfrequenzen 3,57 und 6 MHz und eignet sich zum Lesen und Beschreiben der meisten handelsüblichen Smartcards oder der Firecrypt-CI-Modul-Loader-Card.

Der CAS Interface 3+ hat zusätzlich einen Steckplatz für Module eingebaut. Mit ihm kann man so auch folgende CAMs programmieren: Diablo Light, Diablo Wireless, Firecrypt CI-Modul, Icecrypt Blau, Icecrypt Rot, Matrix-CAM, Matrix-CAM Reloaded, Matrix-CAM Revolution, Matrix-CAM Reborn, MM CI-Modul, Neotion-CAM, T-REX CI-Modul, XCAM, XCAM Premium, XCAM Orion, XCAM Premium Orion, Zetacam Blau, Zetacam Gelb.

Anfangs benötigte man für jede Kartentype eigene Programmiergeräte. So erforderte etwa die Funcard einen Apollo-, die Goldwafer einen Ludipipo-Programmierer. Für Mosc-Karten waren Phoenix-Programmer und etwa für Universal-Karten eine Smartmouse, die mit 3,58 und 6,0 MHz programmiert, dringend angesagt.

Mit der Zeit wurden komfortablere Geräte entwickelt, die es dem unerfahrenen Hacker erlaubten, diverse Karten zu programmieren, ohne auf verschiedene Betriebsmodi umschalten oder gar den Programmer wechseln zu müssen. Zu diesen Programmern zählte etwa der Millenium-Programmer.

7.2 MasterCRD- und MasterCRD2-Programmer

Eine herausragende Neuerung brachte der MasterCRD-Programmer. Das Gerät bot schon in seiner ersten Version fünf Modi, die mit Dipschalter einzustellen waren.

Je nach Modus ersetzte der Programmer andere Programmiergeräte oder bot spezielle Betriebsarten für bestimmte Karten.

Modus 0	Smartmouse-Modus mit 6 MHz Taktfrequenz
Modus 1	Smartmouse-Modus mit 3,57 MHz Taktfrequenz
Modus 2	Ludipipo-Modus zum Bearbeiten des PIC
Modus 3	Ludipipo-Modus zum Bearbeiten des Eeprom
Modus 4	Für Atmel auf Jupter- oder Funcards.

Die Weiterentwicklung MasterCRD2 hat zwei zusätzliche Modi eingebaut. Besonders interessant ist bei diesem Programmer die Smartcard-Reanimationsfunktion.

Je nach Modus ersetzte MasterCRD2 andere Programmiergeräte oder bot spezielle Betriebsarten für bestimmte Karten.

Der MasterCRD2 zählt zwar nicht mehr zu den aktuellen Programmiergeräten, ist aber durchaus noch »State of the Art«.

Modus 0	Smartmouse-Modus mit 6 MHz Taktfrequenz
Modus 1	Smartmouse-Modus mit 3,57 MHz Taktfrequenz
Modus 2	Ludipipo-Modus zum Bearbeiten des PIC

Modus 3	Ludipipo-Modus zum Bearbeiten des Eeprom
Modus 4	Für Atmel auf Jupter- oder Funcards
Modus 5	Zum Bearbeiten dess Eeprom auf Fun- oder Jupter-Cards
Modus 7	Smartcard-Reanimation

7.3   Aktuelle Programmer

Zu den aktuellen Programmiergeräten zählen die CAS2- und CAS3-Programmer. Sie arbeiten auf USB-Basis und können so an jedem Rechner betrieben werden. Der CAS2-Programmer ist für Module gedacht. Der etwas größere CAS3 hat zusätzlich einen Schlitz zum Beschreiben von Smartcards eingebaut. Mit ihm können alte und neue Karten mit Files versehen werden. Modul-Programmierer sind mit Erscheinen diverser neuerer CAMs unverzichtbar geworden. Nicht alle lassen sich so wie das Irdeto-Modul direkt über den PCMCIA-Schlitz des Notebooks bearbeiten. Mit dem CAS3+ kann man Magic-, Matrix-, Matrix Reloaded-, Free-X-TV,- Icecrypt-, Joker-Module sowie weitere CAMs direkt programmieren.

Die zu den Geräten passende Software wird stetig aktualisiert. So gab es etwa in letzter Vergangenheit schon etwa eine Woche nach Erscheinen der Cerebro-, K3- oder unter anderem der Anaconda-Card entsprechende Updates, um auch diese Karten bearbeiten zu können.

8 In der Hacker-Werkstatt

Hacker arbeiten im Geheimen, im Verborgenen. Trifft man Hacker auf der Straße, sind sie nicht von anderen Menschen zu unterscheiden. Entsprechend schwer sind sie ausfindig zu machen. Noch schwieriger ist es, ihnen ihre Geheimnisse zu entlocken oder gar in ihr Allerheiligstes eintreten zu dürfen. Wir waren bei unseren Recherchen erfolgreich und konnten eine Vertrauensbasis zu Max Mustermann (Name von der Redaktion geändert) aufbauen. Eine Voraussetzung, um in seine Hacker-Werkstätte eingeladen zu werden.

8.1 Die Werkstätte und sein Bewohner

Diese verbirgt sich in einem nur mit schummrigem Licht ausgestatteten Raum. Am großen Arbeitstisch herrscht organisiertes Chaos. Neben laufenden PC-Monitoren liegen hier zahlreiche, nicht gerade vertrauenserweckende Module und komisch anmutende Decodierkarten. Verschiedene Karten sind überhaupt gelötet und mit einem der Rechner am Boden verbunden. Dazwischen Spickzettel mit kryptischen Notizen und ein überquellender Aschenbecher sowie ein großer Pott Kaffee.

Seitwärts in einem Regal sind mehrere Receiver aufgebaut. Alle mit eingebauten Decodern und/oder CI-Schächten. Free-to-Air-Boxen findet man hier nicht. Eine Umschalteinheit gestattet, die Receiver auf den Fernseher zu schalten. Dieser steht bezeichnenderweise hinter dem Arbeitsplatz. Fernsehen an sich scheint am diesem Ort nur eine untergeordnete Rolle zu spielen.

Der Respekt vor den Gesetzeshütern ist groß. Allein schon deshalb, weil uns Max versichert hat, dass ihm die Polizei schon manchen Besuch abgestattet hat. Wurde er schon ausgehoben? Noch nicht, aber er war wohl schon knapp dran.

Max zählt sich zu den harmlosen Hackern. Er betrachtet das Ganze als Hobby, als Sport, den er nur für den Eigengebrauch ausübt. Es gibt aber auch Hacker, die das illegale Zutritt-zum-Pay-TV-verschaffen im großen Stil vertreiben. Von einem großen deutschen Pay-TV-Anbieter wissen wir etwa, dass es sogar Elektrohändler gegeben haben soll, bei denen ahnungslose Kunden ein wie sie glaubten offizielles Abo abgeschlossen hatten – wobei sie die monatliche Abogebühr direkt an den Händler zu entrichten hatten, der dann freundlicherweise »den Rest erledigte«. Von solchen Machenschaften distanziert sich Max und verurteilt sie auch.

Er kam zum Hacken, weil ihm der Fernsehhimmel das verwehrte, was er eigentlich von ihm erwartete. An TV in englischer Originalfassung ist nur schwer ranzukommen. Sieht Max nur illegal fern? Nein. Er zeigt uns seinen schon seit Ewigkeiten laufenden Pay-TV-Vertrag und die dazugehörige Abokarte. Er hat das ganz große Paket abonniert und bereut es nicht. Ein Einzelfall? Max versichert uns, dass die meisten Hacker, die er kennt, auch offiziell zumindest für die Pay-Angebote bezahlen, die sie in ihrem Lande abonnieren dürfen. Und genau daran hakt es. Möchte man etwa skandinavisches oder spanisches Pay-TV sehen, bleibt nur der »alternative« Weg.

Max schlägt sich oft ganze Nächte in seiner Werkstätte um die Ohren. Es ist nicht immer leicht, die richtigen Files zu finden und vieles muss man einfach ausprobieren, bis man ans Ziel gelangt. Ist es dann endlich gelungen, eine Karte zum Laufen zu bringen, gönnt sich Max noch einige Stunden Schlaf. Unser Eindruck: Für ihn ist es wichtig, möglichst viele Sender zum Laufen zu bringen. Zeit, diese auch aktiv nutzen zu können, dürfte er kaum haben. Dazu nimmt ihn sein Hobby zu sehr in Anspruch.

Wie er uns versichert, ist sein Hobby äußerst zeitaufwendig. Echte Profis dieses Faches verbringen jede freie Minute damit, um einfach nur am Ball zu bleiben. Ist das erstrebenswert? Max meint, wenn man keine Familie hat, ist es eigentlich egal.

8.2 Hackers Hardware

An erster Stelle steht der PC. Bei ihm ist es egal, ob es sich um einen Standrechner oder ein Notebook handelt. Die meisten Programmer und die erforderliche Software arbeiten selbst mit sehr alten Rechnern zusammen. Betriebssystem, Taktfrequenz und RAM-Speicher sind zweitrangig. Zehn Jahre alte PCs genügen vollauf. Wichtig ist ausreichender Speicherplatz auf der Festplatte, ein schneller Internet-Zugang mit hohem Download-Volumen und ein gutes Antivirus-Programm.

Die meisten Programmiergeräte werden über die serielle Schnittstelle angeschlossen. Neue Geräte bieten zum Teil zusätzlich, vermehrt jedoch exklusiv USB an. Das ist insofern wichtig, als bei neuen PCs serielle Schnittstellen vermehrt eingespart werden. Kauft man sich einen neuen Rechner, kann man an ihn den alten Programmer nicht mehr anschließen.

Programmer gibt es in unterschiedlichen Ausführungsvarianten. Alte Geräte haben den Mangel, dass sie mitunter nur für wenige, nicht mehr aktuelle Karten taugen. Einfache Programmiergeräte, die auf serieller Basis arbeiten, benötigen häufig für jede Anwendung eine eigene Software, die man sich erst selbst aus dem Internet suchen muss. Aktuelle Programmer bieten nur noch eine USB-Schnittstelle. Sie sind multifunktionsfähig und können je nach Ausführung neben Karten auch Module bearbeiten. Ihr größter Vorteil liegt aber darin, dass sie zum Teil mit einer universellen, vom Hersteller bereitgestellten Software alle Anwendungen abdecken. Die zeitraubende Software-Suche entfällt so weitgehend. Damit wird das Bearbeiten von Cards und CAMs zu einer (verhältnismäßig) leicht erlernbaren Angelegenheit.

Ist die serielle Schnittstelle am PC deshalb verzichtbar? Augenblicklich noch nicht. Einige wenige Anwendungen wie das Programmieren bestimmter Sat-Receiver setzen sie voraus.

Auch alte Laptops sind nicht zu vernachlässigen. Sofern auf ihnen die schon überholten Betriebssysteme Windows 95 oder 98 installiert sind, kann man mit ihnen alte Irdeto-CAMs in Multifunktions-Module patchen. Dazu muss im Notebook eine PCMCIA-Schnittstelle eingebaut sein.

8.3 Flashbare Irdeto-Module erkennen

Es gibt verschiedene Versionen des Irdeto-Moduls. Jede hat ihre eigenen kleinen Eigenheiten. Sie entscheiden, ob das CAM geflasht werden kann oder nicht. Unter Flashen versteht man den Prozess, bei dem die Software des Moduls durch eine andere ersetzt wird. Auf den ersten Blick unterscheiden sich die meisten Irdeto-CAMs nicht voneinander. Versucht man jedoch das falsche zu bearbeiten, kann das zu irreparablen Fehlern im Modul führen.

Die sechsstellige Typen-Nummer

Auf der Modulrückseite findet man eine sechsstellige Typen-Nummer, beginnend mit »90«. Diese Nummer klassifiziert das Modul und hilft zu erkennen, was man mit ihm alles machen kann. Beim Modell »900264« handelt es sich um ein Irdeto-1-CAM. Es ist eine flashbare Variante, die das Aufspielen einer Alternativ-Software erlaubt. Auch die Modellvariante »900440« ist ein Irdeto-1-Modul und lässt uneingeschränktes Überschreiben der Software zu. Es wurde häufig auf ein Allcam-Modul, das auch heute noch interessant ist, gepatcht. Bekannt wurden besonders die Allcam-Versionen 4.6 und 4.7.

Euro-Irdeto-2-CAMs

Bei Modulen mit der Nummer »901205« handelt es sich Euro-Irdeto-2-CAMs. Sie sind nur ein einziges Mal flashbar. Bevor man auf sie eine alternative Software aufspielt, muss man sich also genau im Klaren sein, was man auf das CAM spielt.

Euro-Irdeto-2-Module mit der Nummer »901275« oder »901633« lassen sich nicht flashen, ohne sie zuvor Hardware-seitig umbauen zu lassen. Dazu ist das CAM zu öffnen. In der Vergangenheit boten nur wenige »Spezialisten« diesen Service an. Bei den nur einmal flashbaren Modulen ist der Eeprom nach dem ersten Flash gesperrt und muss für nachträgliches Programmieren entfernt werden.

Die meisten scheuten den komplizierten Austausch des Eeproms im CAM. Nicht immer bekam der Kunde ein noch funktionierendes Modul zurück.

Meist sehen all diese Irdeto-Modul-Varianten gleich aus. Bei einigen Modulen ist auf der Vorderseite lediglich im unteren blauen Balken ein Hinweis aufgedruckt, der vor Modifikationen warnt.

Flashbare Module bearbeiten

Alle flashbaren Module können mit einem PCMCIA-Interface, oder einfacher über die PCMCIA-Schnittstelle eines Notebooks, programmiert werden. Alternativ können die Module auch mit einem alten SCSI-verlinkten Nokia 9600-Receiver mit aufgespielter »Overflow-Software« bearbeitet werden.

Die flashbaren Module können mit der Allcam-Software, wie etwa Version 4.6 oder 4.7, oder FreeCAM in verschiedenen Versionen bespielt werden.

Damit lässt sich aus einem alten Irdeto-1-Modul ein MultiCAM machen, das viele andere Module überflüssig macht. Gerade wegen der universellen Einsatzmöglichkeiten wurde die Produktion der alten, voll flashbaren Irdeto-1-Module eingestellt. Restposten dieser Module gibt es selbst 2007 noch zu kaufen.

Bild 8.1 Die mit 90 beginnende Nummer etwa in der Mitte des Aufklebers hilft, das Modul zu identifizieren

Wie indentifiziert man Irdeto-Module?

Um das vorhandene Modul eindeutig zu identifizieren, ist es zuerst in den CI-Schacht des Digital-Receivers zu stecken und anschließend die Box einzuschalten. Danach wählt man innerhalb der Menüoberfläche das Common Interface-Untermenü und klickt dort auf das Irdeto-Menü. Sofern es sich noch um ein CAM mit ursprünglicher Software handelt, sollte die Modultype wie folgt angezeigt werden: »Irdeto Common Interface Ver: 00.xx ICHIP CI Module« oder »Irdeto Common Interface Ver: 01.xx Eurochip CI Module«.

Die genaue Modultype wird von der dritten und vierten Stelle der Versions-Kennzeichnung bestimmt. Nur die »00-Versionen« haben eine Relevanz für alternative Anwendungen. Es ist möglich, die Versionen 00.03, 00.04, 00.05, 00.06 und 00.07 mit alternativer Software upzugraden.

Auf die Versionsnummern der Ver-01er-Euro-Module wird nicht extra eingegangen, da sie ohnehin nicht flashbar sind.

Flashen von Irdeto-Modulen

Zum Flashen der Irdeto-Module bedient man sich einer einfachen, kleinen Software, die man aus dem Internet besorgt. Das Programm stammt etwa aus dem Jahr 2000 und läuft nur unter Windows 95/98. Damit ist es auf modernen Rechnern nicht mehr lauffähig. Gleiches trifft auch auf eine zweite Software zu, die es als Alternative gibt. Sie war zudem weniger verbreitet, da sie nicht so zuverlässig wie das bekanntere Programm arbeitete.

Damit die Software funktioniert, sind bei der Installation einige manuelle Schritte vorzunehmen. Zuerst ist das File *Irdeto95.inf* (für Windows 95) oder *Irdeto98.inf* (für Windows 98) in den Ordner *WINDOWS\INF* zu kopieren. Weiter sind je eine *dll*- und *ini*-Datei in den Ordner *WINDOWS* zu laden.

Vor dem Start der Software ist das CAM in den PCMCIA-Schacht des Notebooks zu stecken. In die Software ist weiter ein File zu importieren. Anschließend braucht nur noch der *Start*-Button gedrückt zu werden. Nach etwa einer Minute signalisiert ein grüner Balken den erfolgreich durchgeführten Flash. Gelegentlich wird stattdessen ein roter Balken eingeblendet. Er meldet, dass das Bearbeiten misslungen ist. Das Modul ist dabei aber nicht zerstört worden. In der Regel reicht es, den Vorgang ein zweites Mal zu starten.

HINWEIS

Irdeto-CAMs auf XP-Rechnern flashen

Irdeto-CAMs lassen sich auch auf Window-XP-Rechnern flashen.
Dazu sind aber spezielle Treiber für ein aktuelles Multifunktions-
modul, das man auch am PC mit neueren Software-Versionen
updaten kann, erforderlich. Man findet die Treiber im Internet.
Damit ist es etwa möglich, das alte Irdeto-Modul in ein Freecam
umzuprogrammieren.

9 Hinter dem Geheimnis der Keys

Keys heißt ins Deutsche übersetzt »Schlüssel«. In der Hacker-Szene enthalten sie die maßgeblichen Informationen, mit denen man sich Zugang zu verschlüsselten Programmen verschaffen kann. Sie werden auf die verschiedenen, im spezialisierten Fachhandel erhältlichen Smartcards aufgeschrieben oder in patchbare Module eingegeben.

Von woher bekommt man aber diese Keys? Zu Beginn das Hacker-Digital-TV-Zeitalters wurden diese vielfach selbst angefertigt und im »Bekanntenkreis« verteilt. Bei den alten 1er-Systemen, wie Viaccess 1 oder Betacrypt, funktioniert das noch heute. Allerdings ist das Selbstkonfigurieren von Keys ziemlich aufwendig und eigentlich nicht mehr zeitgemäß.

9.1 Datenstrom auslesen

Um an die benötigten Rohdaten zu kommen, aus denen man selbst Keys konfigurieren kann, benötigt man ein sogenanntes Seasons Interface. Es sieht etwa wie eine gelötete alternative Smartcard erster Generationen aus und wird in den Kartenschlitz des Receivers oder Moduls, das schon im Sat-Empfänger eingeschoben ist, hineingesteckt. Weiter hat das Interface einen Kartenleser eingebaut, der aus dem Receiver herausragt. In ihn ist eine Decodierkarte zu stecken. Zusätzlich wird das Seasons Interface mit einem seriellen Kabel mit dem PC verbunden.

Es gibt eigene Logger-Programme, die den Datenaustausch zwischen Karte und Receiver am Rechner mitschreiben. Aus diesem Datenstrom sucht sich der Hacker die passenden Teilchen heraus und versucht mit den so gewonnenen Informationen einen Key zu konfigurieren.

Bild 9.1 Das Seasons Interface hilft, den Datenverkehr zwischen Original-Smartcard und Receiver mitzulesen

Bild 9.2 Das Interface wird mit der in ihn eingeschobenen Karte in den Receiver gesteckt. Das Interface ist über ein serielles Kabel mit dem Rechner verbunden

Das Internet als Bezugsquelle für Keys?

Wer nun meint, das Internet sei eine unerschöpfliche Bezugsquelle für Keys, der irrt. Es ist demnach nicht so, dass man bedenkenlos zwischen hunderten Keys für eine bestimmte Anwendung wählen könnte. In der Praxis kommen aktuelle Keys immer nur von denselben rund zwei bis drei sehr aktiven Freaks, die sich extrem mit der Materie befassen. Für den Neuling heißt das, zuerst selbst herauszufinden, welche Anbieter zuverlässige und funktionierende Files im Internet bereitstellen. Man muss sie unter all denen herausfiltern, die ebenfalls Files anbieten. Solche Files wurden häufig von den funktionierten Keys, die zuerst der Öffentlichkeit zugänglich gemacht wurden, einfach abgekupfert.

Als sichere Quellen erweisen sich in der Regel einschlägige Foren, zu denen man nur als registrierter User Zugang bekommt. Hier hat man schnell herausgefunden, von welchen anderen Usern die bereitgestellten Files vertrauenserweckend sind.

Files findet man nicht unbedingt auf deutschen Seiten. Auf sie hat nämlich die deutsche Exekutive leichten Zugriff. In der Vergangenheit veranlasste der große deutsche Pay-TV-Anbieter immer wieder, dass Seiten, auf denen illegale Zugangs-Software zu den Programmen des Anbieters zum Download bereitstanden, geschlossen wurden. Ferner hatten die verantwortlichen Personen mit Konsequenzen zu rechnen. Sucht man heute nach »deutschen« Files, muss man global denken. Man findet sie häufig dort, wo man sie am wenigsten vermutet. Etwa auf spanischen Seiten oder Seiten aus dem arabischen Raum. Zum Teil ist es auch immer wieder so, dass sich Hacker aus bestimmten Regionen besonders erfolgreich mit einzelnen Verschlüsselungsverfahren beschäftigen. Da immer wieder neue Gruppen mal da, mal dort auftauchen und ebenso wieder verschwinden, zählt ständiges Suchen nach neuen, hilfreichen Seiten an erster Stelle der Hacker-Tätigkeit. Dabei erweist sich ein schneller Internet-Zugang und ein möglichst hohes Download-Volumen als hilfreich.

Aktuelle Keys schneller als die Polizei erlaubt

Aktuelle Keys sind mitunter extrem schnell verfügbar. Zum Teil stehen sie schon wenige Minuten nach einem vom Programmveranstalter vorgenommenen Key-Wechsel im Internet bereit. Das zeigt einerseits, wie professionell und schnell Hacker arbeiten. Es zeigt aber auch, wie nutzlos viele Verschlüsselungen tatsächlich sind.

Keys werden im Internet je nach Anbieter in dreistelligen dezimalen oder zweistelligen hexadezimalen Zahlengruppen oder in beiden Varianten angegeben. Meist verlangen die Module eine dezimale Key-Eingabe. Sie wird über den Zahlenblock der Fernbedienung vorgenommen. Jede eingegebene Zahlengruppe wird je nach Modul in dezimalen oder hexadezimalen Zahlen zur Kontrolle angezeigt.

Das Modul kann bei Fehleingaben jedenfalls keinen Schaden nehmen. Nach abgeschlossener Key-Eingabe gilt zu überprüfen, ob man mit der Key-Eingabe erfolgreich war. In der Regel wird der Bildschirm nach einigen Sekunden Wartezeit hell, und man kann sich dem Fernsehvergnügen widmen.

Vorsicht, Keys herunterzuladen ist riskant!

Im Internet werden also nicht nur Keys von den Leuten zum Download angeboten, die sie selbst entwickelt haben. Welcher Keys man sich bedient, ist Vertrauenssache, und man weiß nie, ob man nicht doch die Katze im Sack heruntergeladen hat. Dabei geht es weniger darum, ob ein File nun die Versprechungen erfüllt oder nicht. Verschiedene Files haben das Potenzial, Karten und/oder Module sogar zu zerstören. Hat man Glück, lassen sie sich mit viel Fachwissen wieder reparieren. Zum Teil werden dazu mehr oder weniger effiziente Reparatur-Tools im Internet bereitgestellt. Sie gilt es aber, sprichwörtlich gesagt, wie die Nadel im Heuhafen zu suchen.

Mit falschen Files kann man aber auch den PC zerstören. Einige böse Leute verpacken in Keys äußerst aggressive Viren, die das Lebensende des Rechners bedeuten können.

Wie wir sehen, ist das Risiko sehr groß, mit den heruntergeladenen Files Schaden anzurichten. Aggressive Files können von mehreren Quellen stammen. Teilweise mögen sie von Viren-Spezialisten stammen, die einfach nur Spaß daran haben, die Welt mit neuen Computer-Viren zu verseuchen. Es ist aber auch nicht auszuschließen, dass wirtschaftliche Interessen dahinterstecken. Jemand, der sich ohne Abovertrag Zugang zu verschlüsselten Sendern verschafft, ist immerhin ein verlorener Kunde. Wenn man ihm seine Machenschaften vermiest, könnte er vielleicht aus dem Schaden, den er sich letztendlich selbst zugefügt hat, klug werden.

Wie kann man sich vor schädlichen Keys schützen?

Wer Keys sucht, bewegt sich üblicherweise in Foren. Bevor man mit dem Herunterladen beginnt, sollte man das oder die Foren seiner Wahl für einen längeren Zeitraum beobachten. Dazu gehört vor allem, darin zu lesen. Hier können nämlich Hinweise enthalten sein, welche Files momentan besonders gelobt werden oder verhasst sind.

Es gilt auch, auf die in den Foren verwendeten Sprachen zu achten. Wird etwa in einem englischsprachigen Forum plötzlich ein File mit italienischem Begleittext angeboten, sollte man misstrauisch werden.

Vertraut man in diesem Spezialgebiet blind, könnte man schnell auf die Nase fallen. Aufmerksamkeit und Sicherheitsmaßnahmen sind deshalb dringend anzuraten. Wir gehen sogar so weit, Ihnen für diese Anwendungen einen eigenen Rechner zu empfehlen. Das kann durchaus der alte, bereits ausgemusterte PC sein. Da für Arbeiten an Karten und Modulen keine besonderen Voraussetzungen zu erfüllen sind, kann man dafür auch den alten Rechner, den man bereits auf den Dachboden herumstehen hat, nutzen.

Solange man noch nicht weiß, auf welchen Seiten man sich bewegt, sollte man sich auf diesen zum Teil sehr dubiosen Homepages nicht mit Rechnern bewegen, auf denen zum Beispiel wichtige Dateien gespeichert sind, oder die man zum Arbeiten braucht.

Hilfreich ist auch ein aktuelles und gutes Antivirus-Programm.

9.2 Blocker – Abschaltimpulse unterbinden

Blocker ähneln einem Seasons Interface. Sie sehen etwa wie eine etwas zu lang geratene Smartcard aus und haben am hinteren Ende einen Kartenleser einge-baut. Dieser nimmt eine Original-Karte auf. Der Blocker ist in den Modulschlitz zu stecken. Seine Aufgabe ist es, spezielle Abschaltimpulse, mit denen bestimmte originale Kartentypen vom Sender via Satellit deaktiviert werden können, zu unterbinden. Dazu hat der Blocker einen Chip eingebaut, der diese Impulse aus dem Satelliten-Datenstrom herausfiltert und sie von der Karte fernhält. Blocker finden etwa bei Karten für in Seca 2 verschlüsselten Sendern Einsatz. Mit Blo-ckern laufen offizielle Abos einfach weiter. Selbst dann, wenn sie längst gekün-digt wurden. Derart am Leben erhaltene Karten dürfen ausnahmslos mit dem Blocker betrieben werden.

> **HINWEIS**
>
> **Blocker eignen sich nicht für in Deutschland vertriebene Karten**
>
> Blocker funktionieren leider nicht für alle Karten und Verschlüs-selungssysteme. Für in Deutschland vertriebene Karten eignen sie sich nicht.

Software-Blocker für spezielle Anwendungen

Für bestimmte Anwendungen gibt es aber sogenannte Software-Blocker, die einige Receiver bieten. Zu ihnen zählen unter anderem ein bestimmtes, seit Jahren nicht mehr erzeugtes Modell aus dem Hause Humax, sowie verschie-dene auf Linux basierende Digital-Boxen. Mit ihnen sollte das Blocken auch mit Karten, die sich in Deutschland großer Beliebtheit erfreuen, funktionieren. Dies konnte von uns aber nicht überprüft werden. Allerdings sollen Karten damit nur bedingt am Laufen gehalten werden können. So kann es etwa sein, dass nach einigen Wochen doch ein Abschaltimpuls zur Karte durchkommt und diese lahmlegt.

Bild 9.3 Dieser Blocker ist für den Einsatz von Seca-2-Karten vorgesehen. Er filtert die Abschaltimpulse heraus und hält sie von der Karte fern

9.3 Karten auslesen und beschreiben

Für die Software gibt es auch einen ausgezeichneten Support. Kommt etwa eine neue Kartentype auf den Markt, braucht man in der Regel nur wenige Tage auf ein Software-Update zu warten. Damit kann man mit dem bereits vorhandenen Programmiergerät auch neueste Kartenkreationen bearbeiten. Alle uns zur Verfügung gestandenen neutralen Smartcards, egal ob ganz alt oder brandneu, wurden von der Software erkannt (s. Bild 9.4). Besser noch: Man hat die Gewissheit, auch für künftige Entwicklungen mit hoher Wahrscheinlichkeit mit dem vorhandenen Equipment up to date zu sein.

Steckt man eine Karte in den Programmer, erkennt dieser selbst, um welche Kartentype es sich handelt. Das ist insofern interessant, als es bei am freien Markt erhältlichen Karten leicht zu Verwechslungen kommen kann. Immerhin sind sie häufig in neutralen Farben auf den Markt gekommen. So könnte etwa die Cerebro-Karte leicht mit diversen Original-Erotikkarten verwechselt werden. Auch die verschiedenen Versionen etwa von Goldwafer-Karten sind auf den ersten Blick zu erkennen. Sie sehen alle goldfarben aus. Hat man eine Karte bekommen, von der man überhaupt keine Ahnung hat, um welche es sich handelt, kann CAS Studio ebenfalls weiterhelfen.

Bild 9.4 Es gibt beinahe keine Smartcard, die mit CAS Studio nicht programmiert werden könnte

Wird eine Karte in den CAS-Programmer gesteckt, wird diese erstmals identifiziert. In unserem Beispiel (s. Bild 9.5) haben wir unser Glück mit einer neutralen, goldenen Karte versucht. Nach wenigen Sekunden wird sie als Goldwafer-Karte identifiziert. Weiter wird die Größe des internen Eeprom mit 64 kBit und des externen Eeprom mit 16 kBit angezeigt. Darunter werden die in der Karte verbauten Prozessor-Typen gelistet. Diese Informationen sind äußerst wichtig, wenn es darum geht, herauszufinden, ob ein aktuelles File auf diese Karte geschrieben werden kann. Dazu muss man wissen, dass von den verschiedenen älteren Karten mehrere Versionen existieren, die sich primär in der Speicherkapazität unterscheiden. Hat man etwa ein File für eine der neueren Modelle eines Kartentyps, wird es nicht möglich sein, dieses auf eine Karte mit zu kleinem Speicher zu schreiben. Ob ein File grundsätzlich auf die Karte passt, kann CAS Studio nicht verraten. Misslingt ein Schreibversuch jedoch, kann man sich mit den bekannten Kartendaten die Gründe des Misslingens selbst zusammenreimen. Unten rechts zeigt das Menüfenster sogar ein kleines Bildchen der eingesteckten Karte an. Auch das kann zur Kartenidentifizierung beitragen.

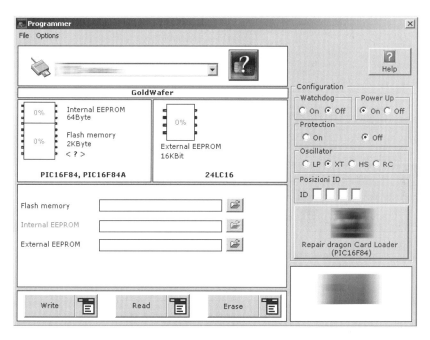

Bild 9.5   Wird eine Karte in den CAS-Programmer gesteckt, erkennt die Software, um welche Karte es sich handelt

Von dieser Karten-Menüoberfläche lassen sich sofort verschiedene Aktionen starten. Man kann etwa die Karte auslesen, beschreiben oder löschen (s. Bild 9.6).

Soll etwa eine Goldwafer beschrieben werden, benötigt man dazu zwei Keys, je einen für den Flash-Speicher und für den externen Eeprom. Die Menüoberfläche hält dafür ein eigenes Fenster bereit, in dem die Verlinkung zu den Orten hergestellt wird, wo die benötigten Files am Rechner abgelegt sind. Die Suchoption nach den benötigten Files ist dabei ähnlich komfortabel, wie etwa vom Windows-Explorer bekannt. Sind die Keys in die Software geladen, braucht der Karten-Programmiervorgang nur noch durch Anklicken des Buttons *Write* gestartet zu werden. Der Schreibvorgang selbst geht äußerst schnell vonstatten und ist in wenigen Sekunden abgeschlossen. Der aktuelle Schreibfortgang wird in der Bedienungsoberfläche anhand einer Balkengrafik angezeigt.

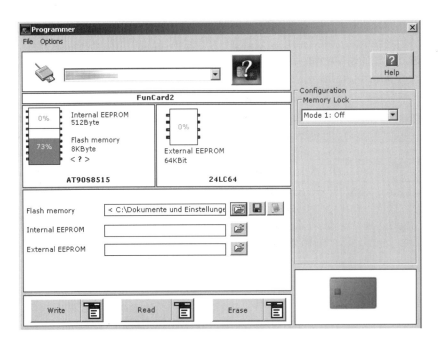

Bild 9.6 Hier wird gerade eine Fun-Karte ausgelesen

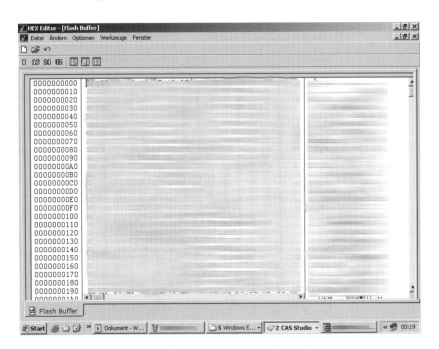

Bild 9.7 Und so sieht der Karteninhalt aus. Er musste unkenntlich gemacht werden

Von Programmveranstaltern ausgegebene Karten lassen sich mit dem CAS-Programmer nicht auslesen. Sie sind mit einer Sperre versehen, die das unberechtigte Auslesen verhindert. Es sei auch davor gewarnt, Karten, mit denen man abonnierte Pay-TV-Sender oder aus urheberrechtlichen Gründen verschlüsselte Programme sehen kann, in den Programmer zu stecken. Es muss immer damit gerechnet werden, dass auf den Karten Sicherheitsmechanismen eingebaut sind, die auf Ausleseversuche reagieren und bis zur Zerstörung der Karte führen können. Ob das tatsächlich so ist, haben wir nicht selbst ausprobiert. Da uns einschlägige und eindringliche Warnungen aus der Hacker-Szene im Ohr waren, haben wir aus Sicherheitsgründen darauf verzichtet. Es scheint in der Tat so zu sein, dass Programmveranstalter keinesfalls wollen, dass den Endverbrauchern, die brav ihre Pay-TV-Gebühren bezahlen, auch nur geringe Kenntnis darüber zuteil wird, welche Informationen auf den Karten zu finden sind.

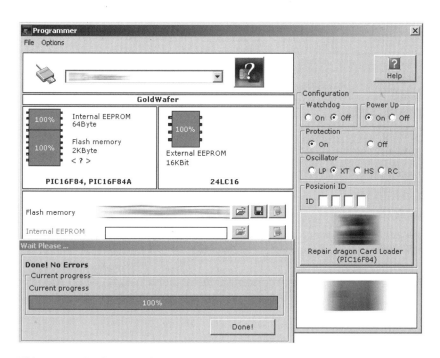

Bild 9.8   Der Schreibvorgang dauert nur wenige Sekunden. Die Balkenanzeige zeigt den aktuellen Schreibstatus

Unproblematisch ist es hingegen, wenn man bereits abgelaufene Pay-TV-Karten auszulesen versucht. Das können etwa alte Karten von Erotiksendern sein, deren Laufzeit von Beginn an limitiert war. Kauft man sich so eine Karte, bezahlt man in der Regel den Zugang für zwölf Monate im Voraus. Monatliche Gebühren werden nicht fällig. Nach Ablauf der Zeit, für die die Smartcard freigeschaltet war, ist sie wertlos. Es können aber auch alte Premiere-Karten sein, die man, aus welchen Gründen auch immer, nach Beendigung des Abos nicht an den Sender retourniert hat. Premiere macht etwa darauf aufmerksam, dass die zur Verfügung gestellte Smartcard für den Empfang der abonnierten Programme nicht im Besitz des Abonnenten ist. Nach Ende des Abos ist sie an den Sender zu retournieren. Unbestätigten Meldungen zufolge verlangt Premiere für eine auf Aufforderung nicht zurückgeschickte Karte einen Kostenersatz von rund € 30 bis € 40. Sollte das auch zu Erscheinen dieses Buches noch so sein, und hat man für derlei Späßchen genügend Geld übrig, kann man sich so ganz legal eine nicht mehr funktionierende Premiere-Karte anschaffen.

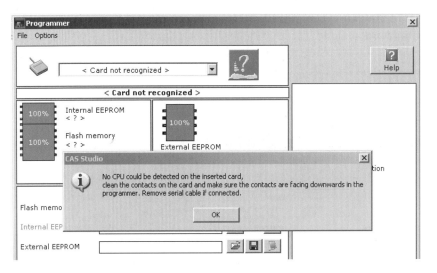

Bild 9.9 Aktuelle, von Pay-TV-Anbietern ausgegebene Smartcards lassen sich üblicherweise nicht auslesen. Sie haben verschiedene Schutzmechanismen eingebaut

Sollte beim Auslesen einer abgelaufenen Karte tatsächlich Schaden angerichtet werden, ist es letztendlich vollkommen egal. Sehen kann man mit ihr ohnehin nichts mehr.

In der Vergangenheit wurden solche Karten benötigt, um sich auch nach Ablauf eines Abos oder ganz ohne Abo Zugang zu verschlüsselten Inhalten zu verschaffen. Diese Möglichkeit besteht zum Teil auch heute noch. Jedoch ist es schon seit einiger Zeit wesentlich einfacher geworden, mit neutralen Karten, die jedermann bedenkenlos im spezialisierten Fachhandel kaufen kann, attraktive Inhalte auf den Schirm zu bekommen.

10 CAS Studio im Einsatz

Früher benötigte man für jeden Programmer und für jede Karte eine eigene Software, um spezielle Karten und/oder Anwendungen schreiben zu können. Häufig standen dafür sogar mehrere mehr oder weniger stabil laufende Programmchen zur Verfügung, mit denen das Kartenbeschreiben recht und schlecht funktionierte. Häufig hängten sich diese Softwares auf und forderten gar nicht so selten einen Neustart des Rechners. Zudem war die Bedienung dieser Schreibprogramme äußerst tricky und zeitaufwendig. Selbst wenn die eigentlichen Arbeitsschritte oft weniger als fünf Minuten benötigten, war man häufig selbst nach über einer Stunde noch lange nicht am Ziel.

Bild 10.1 Die Startseite der Software CAS Studio von Duolabs zeigt, dass hier in einem Programm viele Funktionen vereint wurden

10.1 Module mit CAS-Programmer bearbeiten

Neue, moderne Programmer und die dafür entwickelte Software machen damit Schluss. Während der Arbeiten zu diesem Buch waren Produkte aus dem Hause DUOLABS der Stand der Dinge. Die Software ist im wahrsten Sinne des Wortes universell einsetzbar. Sie erlaubt nicht nur, alle aktuellen illegalen Karten zu bearbeiten. Das Programm funktioniert auch mit alten alternativen Karten aus den ersten Tagen. Wofür man früher vielleicht auf einen Pool von 20 Spezial-programmen zurückgreifen musste, steht heute CAS Studio bereit.

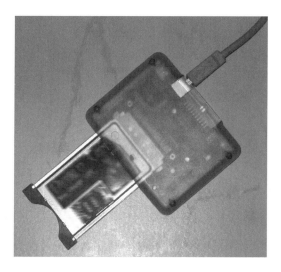

Bild 10.2 CAS-Programmer gibt es in ver-schiedenen Ausführungsvarianten. Dieses Modell ist speziell für Modulbearbeitungen vorgesehen

CAS Studio beschränkt sich nicht nur aufs Kartenauslesen und -beschreiben. Mit ihm kann man verschiedene Module ebenfalls äußerst komfortabel bear-beiten. Dabei wird eine spezielle Software aufgespielt, die den Funktionsum-fang der Module erweitern kann.

Magic- und Matrix-CAM programmieren

Zum Programmieren eines Magic- oder Matrix-Moduls ist im CAS Studio *MAGIC CAMs* anzuklicken. Das Untermenü (s. Bild 10.3) zeigt, dass von hier aus neben dem Magic-Modul auch Matrix Reloaded, Revolutions und Reborn zu bearbei-ten sind. Obwohl alle vier Module in einem Unterordner zusammengefasst sind, gibt es bei ihrer Programmierung kleine Unterschiede. Dabei geht es auch darum, wie die Module zu bearbeiten sind.

Bild 10.3   Im CAS Studio sind unter *MAGIC CAMs* alle Matrix- und Magic-Module zu flashen

Die Programmer-Menüoberfläche ist übersichtlich gegliedert. Das im oberen Drittel der Oberfläche angeordnete Feld informiert über alle durchzuführenden Schritte.

Zuerst ist das Modul in den PCMCIA-Slot des Programmers zu schieben (siehe Bild 10.4). Ein zusätzlicher Adapter wie für Neotion-Module oder X-CAMs ist nicht erforderlich.

Links oben gibt es zudem einen *Help*-Button, der vertiefende Infos bereitstellt. Das rechte Feld enthält mehrere Aktions-Buttons. Dieser Funktionsbereich kann zwischen *Allgemein* und *Fortgeschritten* umgeschaltet werden. Für normale Anwendungen genügt stets der allgemeine Modus.

Im links unten positionierten großen Textfeld (siehe Bild 10.5) werden den Bedienschritten entsprechende Hinweise eingeblendet. Sobald das Modul von der Software erkannt ist, sind hier etwa relevante Daten zum CAM gelistet. Das zeigt gleichzeitig auch, dass das Modul nun bereit für weitere Arbeitsschritte ist.

Bild 10.4 Zum Programmieren wird das Magic-Modul einfach in den CAS-Programmer gesteckt

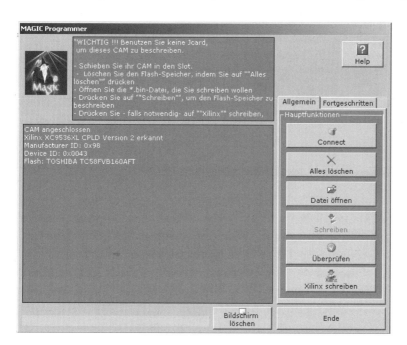

Bild 10.5 Im *MAGIC Programmer* werden alle durchzuführenden Arbeitsschritte angeführt. Ferner werden diverse Modulparameter ausgelesen und angezeigt

Bevor man das Modul programmieren darf, ist zuerst der interne Speicher zu löschen. Dazu ist im rechten Bedienfeld auf *Alles löschen* zu drücken. Bevor der Speicher tatsächlich gelöscht wird, fragt die Software noch einmal nach, ob man diesen Schritt wirklich durchführen möchte. Bevor man diese Meldung mit *OK* bestätigt, sollte man sich bereits nach einer aktuelleren Software umgeschaut haben. Es kann auch nicht schaden, das gegenwärtig aufgespielte File noch am PC abgespeichert zu wissen. Denn, ist das Modul einmal gelöscht, kann man mit ihm rein gar nichts machen. Der Löschvorgang kann mit der Esc -Taste abgebrochen werden.

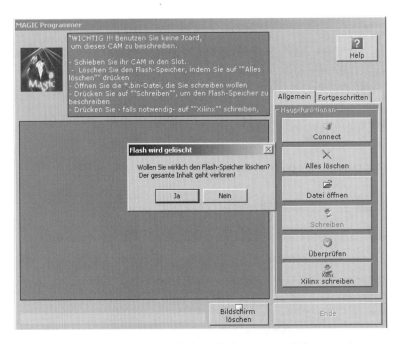

Bild 10.6   Bevor das CAM gelöscht wird, fragt die Programmer-Software nach, }ob man das auch wirklich meint

Bei unserem Test-Magic-Modul wurden während des Löschvorgangs einige Fehlermeldungen gelistet. Auftretende Löschfehler deuten darauf hin, dass das Modul einen generellen Fehler hat und es sogar völlig unbrauchbar sein könnte. Listet der Programmer Fehlermeldungen auf, ist der Löschvorgang abzubrechen und noch einmal von vorne zu beginnen. Hat man Glück, wird das Modul beim zweiten oder dritten Mal dennoch vollständig gelöscht, womit es dann doch noch für die Neuprogrammierung vorbereitet wäre.

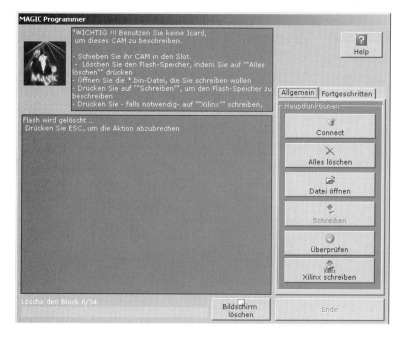

Bild 10.7 Laut Einblendung wird gerade der Flash-Speicher gelöscht

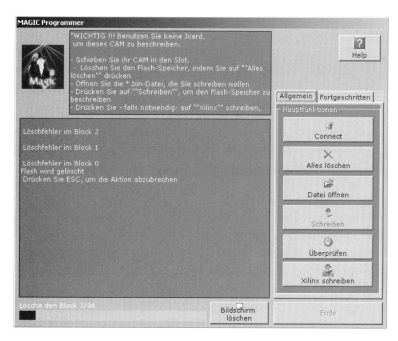

Bild 10.8 Ein Balken zeigt, wie weit der Löschvorgang schon fortgeschritten ist. Während des Löschvorgangs sind einige Fehler aufgetreten. Dieser Löschvorgang ist abzubrechen

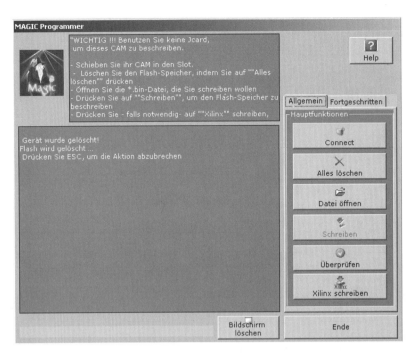

Bild 10.9 Nach einem weiteren Versuch wird der erfolgreiche Löschvorgang bestätigt

Nachdem das Modul gelöscht ist, kann man es mit einer neuen Betriebs-Software versehen. Auch hier hilft der Magic-Programmer weiter und erklärt, was zu tun ist. Die dazu benötigten Daten kann man sich aus dem Internet herunterladen.

Als Nächstes ist im rechten Aktionsfeld *Datei öffnen* zu drücken. Es öffnet sich das schon von der Windows-Oberfläche bekannte Fenster, in dem man Laufwerke, Ordner und Dateien auswählt (siehe Bild 10.10). Das benötigte File wird mit *Öffnen* in die Programmer-Software übernommen.

Nun wird der Schreibvorgang durch Betätigen des rechtsseitigen *Schreiben*-Buttons gestartet. Damit wird die zuvor ausgewählte BIN-Datei zuerst in die Programmer-Software geladen. Währenddessen wird im großen Textfeld das ausgewählte File und der gerade aktive Ladevorgang angezeigt. Links unten informiert ein Balken über den Fortgang der Aktion. Anschließend wird es in den Flash-Speicher des Moduls geschrieben.

Lade die Flash-Binärdatei
Suchen in: Desktop
Favoriten
Fenix_Predator354_ORIGINAL_D OK__14-01-2007
FIOLET V[1].3.3
fotos roland
humax
humax5400
Jokerv117_cas
mallorca2005
opus
PCMCIA loader
pentacard
PreD355 HappyNeWYeaR ZLaTaN 26-12-2006
SetEditOAKV3
Stealth171 PW ok
Topfield
tps on Humax 5400
xilinx_repair_complete
PENTA120DUMP
Recent
Desktop
Eigene Dateien
Arbeitsplatz
Netzwerkumgebung
Dateiname: PENTA120DUMP
Dateityp: BIN File
Schreibgeschützt öffnen
Öffnen
Abbrechen
Help
Xilinx schreiben
Bildschirm löschen
Ende

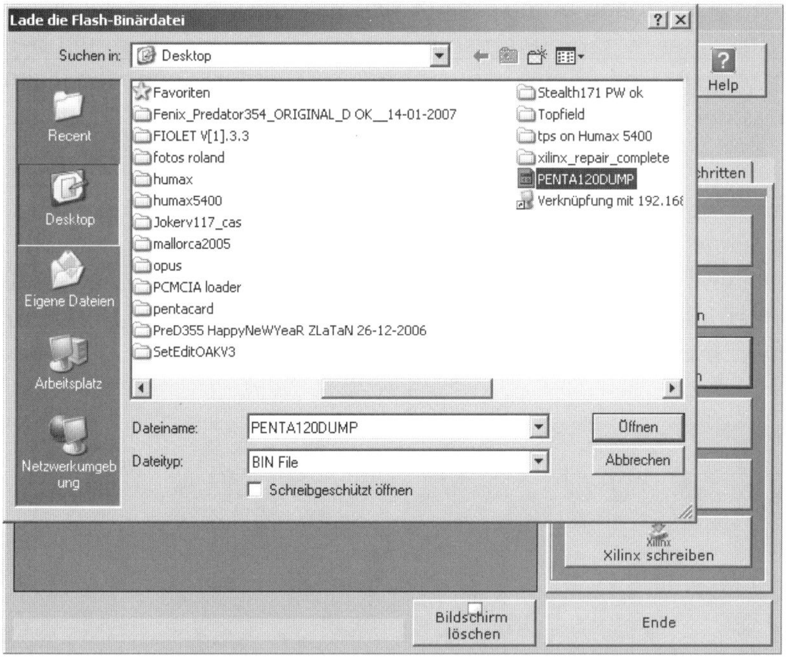

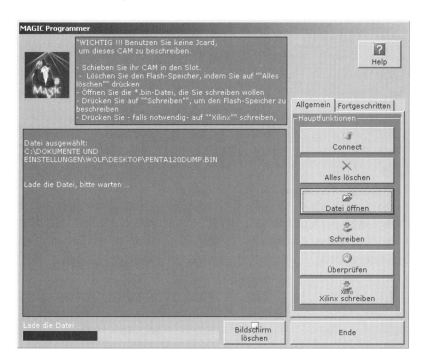

Bild 10.10 Nach erfolgreichem Löschen ist die neue *BIN*-Datei auszuwählen

MAGIC Programmer
"WICHTIG !!! Benutzen Sie keine Jcard, um dieses CAM zu beschreiben.
- Schieben Sie ihr CAM in den Slot.
- Löschen Sie den Flash-Speicher, indem Sie auf ""Alles löschen"" drücken
- Öffnen Sie die *.bin-Datei, die Sie schreiben wollen
- Drücken Sie auf ""Schreiben"", um den Flash-Speicher zu beschreiben
- Drücken Sie - falls notwendig- auf ""Xilinx"" schreiben,
Help
Allgemein
Fortgeschritten
Hauptfunktionen
Connect
Alles löschen
Datei öffnen
Schreiben
Überprüfen
Xilinx schreiben
Datei ausgewählt:
C:\DOKUMENTE UND EINSTELLUNGEN\WOLF\DESKTOP\PENTA120DUMP.BIN
Lade die Datei, bitte warten ...
Lade die Datei...
Bildschirm löschen
Ende

Bild 10.11 Nachdem der Schreibvorgang gestartet wurde, wird zuerst die *BIN*-Datei in die Programmer-Software kopiert

Der eigentliche Ladevorgang unterscheidet sich nur im Detail vom zuvor beschriebenen File-Einlesen in die Programmiersoftware. Da zwischen den beiden Aktionen keine Bedienschritte von uns verlangt werden, kann man leicht übersehen, dass der Programmer inzwischen den nächsten Arbeitsschritt ausführt.

Auch hier informieren das Textfeld und der Balken über den augenblicklichen Schreibstatus (siehe Bild 10.12). Der erfolgreiche Schreibvorgang wird eher unscheinbar abgeschlossen. Das fertige Modul wird im Programmer-Menü durch das Fehlen des Ladebalkens und die unscheinbare Texteinblendung: *Schreiben abgeschlossen!* signalisiert.

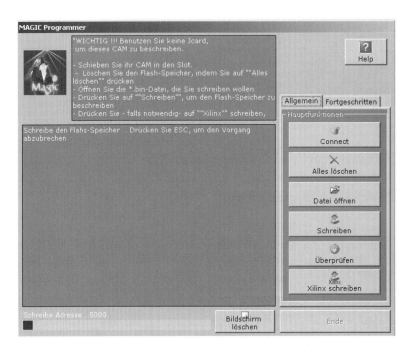

Bild 10.12 Anschließend beginnt das Beschreiben des Modulspeichers

Mit der auf unser Magic-CAM eben aufgespielten Software haben wir aus dem CAM ein Multifunktions-Modul gemacht, in dem nun verschiedene Smartcards für unterschiedliche Verschlüsselungssysteme betrieben werden können.

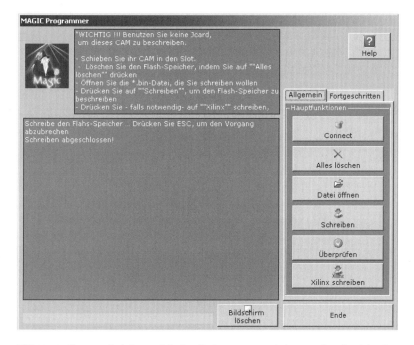

Bild 10.13 Eher unscheinbar verkündet die Programmer-Software, dass der Schreibvorgang abgeschlossen wurde

Fehler trotz erfolgreicher Programmierung?

Ein erfolgreich abgeschlossener Programmiervorgang muss nicht zwingend bedeuten, dass das Modul nun auch wirklich funktioniert. Hatte das CAM etwa schon zuvor einen schwerwiegenden Fehler, kann es mitunter zwar relativ problemlos gepatcht werden, aber der Receiver muss es dennoch nicht erkennen. Zeigt er etwa im Modul-Menü *ungültiges CAM*, ist der Programmierversuch fürs Erste gescheitert. Vielleicht hat man bei weiteren Neu-Programmierungen Glück.

Die Erfahrungen der Hacker mit dem Magic-Modul sind recht unterschiedlich. Einige bringen es nicht oder kaum zum Laufen. Andere schwören darauf und nutzen das Magic-Modul für alle denkbaren Anwendungen.

Alternative Programmiervariante des Magic-Moduls

Das Magic-Modul kann auch ohne CAS- oder einem anderen PCMCIA-Programmer gepatcht werden. Dazu ist ein Interface mit serieller Schnittstelle erforderlich, das in das CAM eingeschoben wird. Über den seriellen Anschluss wird das Modul mit dem Rechner verbunden. Auf diesem muss eine spezielle, im Internet erhältliche Software installiert sein. Damit das Modul mit elektrischer Energie versorgt wird, ist es, bevor man mit dem Programmieren beginnt, in den CI-Schacht eines Digital-Receivers zu stecken.

Diablo-CAM programmieren

Auch das Diablo-CAM kann mit dem CAS-Programmer bearbeitet werden. Dazu ist in der Software CAS Studio der *Diablo*-Button zu betätigen.

Bild 10.14   Der Diablo-Modul-Programmer ist ebenfalls Bestandteil von CAS Studio

Der Diablo-Programmer selbst ist mehr als einfach aufgebaut. Zum Programmieren des Moduls ist die Oberfläche *Upgrade CAM* zu wählen. Hier ist die Menüoberfläche im Wesentlichen zweigeteilt. Ziemlich weit oben fällt ein großer weißer Balken, der mit *File Name* beschriftet ist, auf. In ihn ist das auf das Modul zu programmierende File zu laden.

Rechts daneben ist ein kleiner Button mit drei Punkten zu erkennen. Drückt man auf ihn, springt die Menüoberfläche auf *CAM FileSystem*. Sie erinnert an den Internet-Explorer oder den Windows-Arbeitsplatz und erlaubt, das benötigte File auf den im PC eingebauten oder eingelegten Datenträger zu suchen. Etwas ungewohnt ist dabei die Aufteilung in drei Fenster. Sie nennen sich Local Folders, Local Files und CAM.

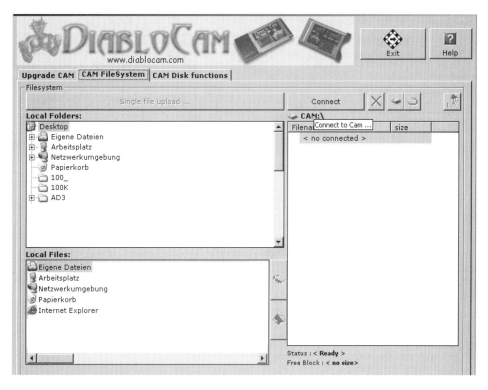

Bild 10.15 Im Menüpunkt *CAM FileSystem* wird die auf das Diablo-CAM zu schreibende Software festgelegt

Unter *Local Folders* ist die gewohnte Ordner-Baumstruktur der Laufwerke eingeblendet. Der Inhalt des unter *Local Folders* angeklickten Ordners wird unter *Local Files* eingeblendet. Nachdem der gewünschte Ordner angeklickt wurde, werden die CAM-spezifischen Daten im CAM-Fenster angezeigt.

In unserem Beispiel haben wir keine aktuelleren als die bereits im Modul eingespielten gefunden. Starten wir dennoch den Schreibvorgang mit *Start Update*, weist eine Einblendung darauf hin, dass dieses File bereits installiert ist. Nachdem wir die Frage, ob die CAM-Software dennoch überschrieben werden soll, bejahen, startet der Schreibvorgang. Der augenblickliche Status wird dabei in der Programmer-Menüoberfläche rechts unten mit einem Balken angezeigt. Mehr ist beim Neuprogrammieren eines Diablo-CAMs nicht zu machen.

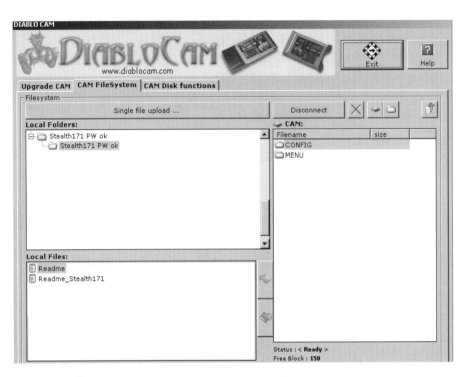

Bild 10.16 Diablo-CAMs werden mit dem so genannten Stealth-Betriebssystem versehen. Das Finden der benötigten Datei ist durch die dreigeteilte Menüstruktur äußerst komfortabel

Im Auslieferungszustand ist das Diablo-CAM nicht programmiert. Erst durch das Aufspielen einer Betriebs-Software wird aus ihm ein multifunktionelles Modul, in dem Decodierkarten für verschiedene Verschlüsselungssysteme genutzt werden können.

Gut zu wissen!

Für das Diablo-CAM sucht man nicht nach Keys, die den Zugang zu Pay-TV erlauben, sondern nach neuen Versionen des Modul-Betriebssystems. Diablo-CAMs arbeiten mit dem sogenannten Stealth-Betriebssystem. Das macht das Diablo-CAM zu einem Multifunktions-Modul, in dem Smartcards für verschiedene Decodiersysteme Einsatz finden. Neue Betriebssysteme erscheinen etwa bei grundlegenden Neuerungen oder Verbesserungen.

Gleichnamige File-Dateien müssen nicht unbedingt identisch sein. Wir kennen das von anderen PC-Anwendungen. Wir haben zum Beispiel bereits ein Bild mit dem Namen *Foto1* auf unserer Festplatte abgespeichert. Nun finden wir ein Bild im Internet, das zwar den gleichen Filenamen trägt, aber etwas ganz anderes zeigt. Würden wir nun auf *Speichern* drücken, würde das erste Foto überschrieben werden.

Findet man im Internet gleichnamige Files, können diese ebenfalls unterschiedliche Inhalte aufweisen. Mitunter hilft ein Blick auf das Erstellungsdatum, um zu ergründen, ob es sich um das gleiche, bereits im Modul gespeicherte Betriebssystem handelt oder um ein neueres. Zur leichteren Betriebssystem-Identifizierung hilft auch, das bereits im Modul (oder der Karte) eingespielte File auf der Festplatte archiviert zu halten.

Icecrypt-Modul programmieren

Um das Icecrypt-Modul programmieren zu können, ist in der Software CAS Studio *SKY CAMs* zu wählen. Hier sind alle Module zusammengefasst, die auf dem Neotion-System basieren. Das sind neben dem Icecrypt auch die ganzen Zeta-CAMs oder etwa das Joker- und Super-Joker-CAM.

Aus diesem Untermenü wird der Programmiermodus für unser Icecrypt-Modul durch Drücken des *ICECRYPT*-Buttons gestartet. Grundsätzlich wäre es aber egal, wenn man sich für einen *ZETA*- oder etwa *JOKER*-Button entscheiden würde. Die Module unterscheiden sich nämlich primär nur durch unterschiedliche Aufkleber und können auch mit den anderen Neotion-Modi bearbeitet werden.

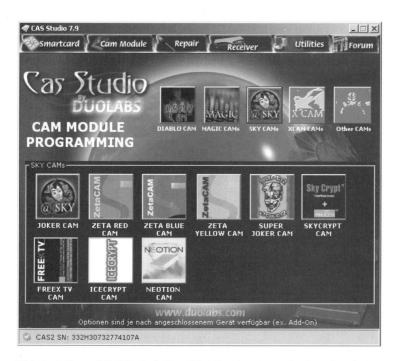

Bild 10.17 Unter *SKY CAMs* sind alle auf dem Neotion-System basierenden Module zusammengefasst. Hier ist zum Bearbeiten des *ICECRYPT*-Moduls auf den entsprechenden Button zu klicken

Die Icecrypt-Menüoberfläche ist einfach aufgebaut. Im oberen Feld werden die einzelnen Bedienschritte erklärt. Hier wird darauf hingewiesen, dass die J-Karte auf der rechten Seite des CAMs einzuführen ist. Die J-Karte ist eine kleine Platine mit einer seitlichen Ausnehmung und drei relativ großen Kontakten an ihrer Oberseite. Rückwärts ist ein serielles Kabel angelötet.

Bild 10.18 Die sogenannte J-Karte ist in das Modul zu schieben – eine ziemlich »gefinkelte« Angelegenheit.

Die J-Karte ist so in das Icecrypt-Modul zu schieben, dass seine drei Kontakte zu sehen sind, wenn man das Modul so hält, dass auch der Icecrypt-Aufkleber zu sehen ist. Die Karte ist schief in das Modul einzuführen und gleichzeitig nach rechts so zu bewegen, dass seine Ausnehmung im vorderen, etwa 1 cm langen und etwas breiteren Teil des Moduls einhakt. Achtung, dabei kann sich die J-Karte auch im Modul verhaken! Um Schäden zu vermeiden, ist die Karte möglichst vorsichtig zu bewegen und falls erforderlich mit so wenig Kraftanstrengung als nur irgend möglich in die Arbeitsposition zu bringen.

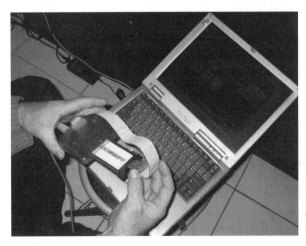

Bild 10.19 In der Folge ist das Modul in den Programmer zu stecken und die Icecrypt-Programmier-Software zu starten

Anschließend wird das Mdul in den PCMCIA-Schacht des CAS-Programmers eingesteckt und auf den *Verbinden*-Button gedrückt. Kommt es zu keiner Verbindung des CAMs mit dem PC, wird dies durch ein rotes Signalfeld markiert. Damit es zu einer aktiven Verbindung kommt, genügt es zumindest in unserem Fall nicht, einfach die J-Karte ins Modul zu schieben. Sie will auch in die exakte Position gebracht werden. Und nicht nur das. Damit die Verbindung stabil und aufrecht bleibt, ist das Modul an der richtigen Stelle mit gar nicht so wenig Kraftaufwand zusammenzudrücken und keinesfalls zu bewegen.

Hat man endlich die ersehnte Verbindung, erscheint ein grünes Feld im linken oberen Drittel der Menüobefläche. Gleich rechts daneben wird man aufgefordert, bei aktiver Verbindung auf die Schaltfläche zu drücken, auf der auch dieser Text zu lesen ist. Wo die richtige Stelle zum Zusammendrücken ist, muss man einfach ausprobieren.

Tipp: Es muss nicht immer dort sein, wo die J-Karte steckt. Da kann es schon mal bis zu einer halben Stunde dauern, bis man endlich Erfolg hat.

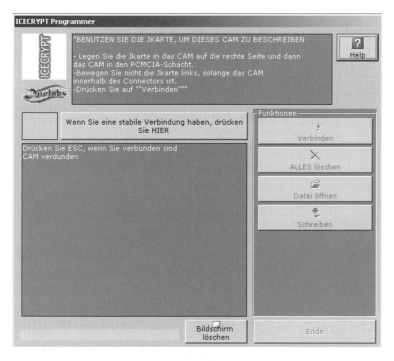

Bild 10.20 Die *ICECRYPT*-Menüoberfläche ist einfach aufgebaut. Die einzelnen erforderlichen Bedienschritte sind im oberen Kasten erklärt. Irgendwann, nachdem man die J-Karte im Modul richtig positioniert hat und das CAM an der richtigen Stelle (!) zusammendrückt, wird eine aktive Verbindung aufgebaut

Bevor man mit dem Beschreiben des neuen Files beginnt, empfiehlt sich, zuerst das bereits Aufgespielte zu löschen.

Wie tricky das Flashen des Icecrypt-Moduls tatsächlich ist, beweist sich erst, wenn man den Flash-Vorgang startet. Er dauert etwa fünf Minuten. Währenddessen muss das CAM weiter fest zusammengedrückt werden, wobei man es keinesfalls bewegen darf. Schon kleinste Bewegungen führen dazu, dass die Verbindung unterbrochen wird. Man mag sich zwar denken, dass die Zeit schnell vorbeigeht und dass man das locker schafft. Wenn man aber sieht, wie langsam sich der links unten im Programmer-Menü eingeblendete Ladebalken gen rechts bewegt, beginnen die Finger schneller zu schmerzen, als einem lieb ist. Irgendwann, wenn dann auch die Kräfte nachlassen, wackelt man ein klein wenig – und das war's dann schon. Eine dezente Einblendung weist dann darauf hin, dass man, nachdem man wieder eine aktive Verbindung geschaffen hat, von vorne beginnen darf.

Wird der Ladevorgang vorzeitig wegen Kontaktproblemen abgebrochen, ist das Modul dennoch nicht kaputt. Da zuvor jedoch die alte Software von ihm gelöscht wurde, ist es momentan unbrauchbar. Man kann es aber wieder zum Leben erwecken, indem man die Programmierung so oft wiederholt, bis man es endlich schafft, die Verbindung zwischen CAM und PC bis zum Schreibende aufrechterhalten. Dabei können Stunden vergehen, und man erkennt, welch harte, schweißtreibende Arbeit Hacken sein kann.

Solange auf dem Modul keine Software aufgespielt ist, wird es vom Receiver nicht erkannt.

Die hier beschriebene Vorgehensweise bezieht sich auf alle Neotion-Module. Für sie ist die bereits erwähnte J-Card erforderlich.

X-CAM programmieren

Für das X-CAM ist zum Programmieren ein eigener Adapter erforderlich. Dieser ist zwar nicht mehr so klein wie die für die Neotion-CAMS erforderliche J-Card. Er ist aber so groß, dass man nun ebenfalls zu kämpfen hat, um den Adapter überhaupt in das X-CAM zu bringen. Er ist mit mit einem seriellen Kabel mit dem Rechner zu verbinden. Das Modul ist mit dem eingeschobenen Adapter in den CAS-Programmer zu stecken.

Möchte man ein X-CAM programmieren, ist im CAS Studio *XCAM CAMs* zu wählen. Im daraufhin geöffneten Untermenü sind das X-CAM sowie das X-CAM Premium und X-CAM Premium Orion gelistet.

Bild 10.21 Start-Oberfläche zum Flashen eines X-CAMs

10.2 Defekte Module mit CAS-Programmer reparieren

Immer wieder werden, etwa auf eBay, defekte Neotion- oder X-CAM-Module angeboten. Sie gehen meist für wenig Geld über den Ladentisch. Bei solchen vermeintlich kaputten CAMs handelt es sich üblicherweise um Module, bei denen es zum vorzeitigen Verbindungsabbruch zwischen Modul und Rechner während des Schreibvorgangs gekommen ist.

Dem Verkäufer dürfte nicht bewusst sein, dass er das Modul selbst reparieren könnte, einfach, indem er versucht, die Software noch einmal aufzuspielen. Dazu können jedoch einige Versuche erforderlich sein. Solche Angebote im Internet können demnach wahre Schnäppchen sein. Eine Garantie, dass die Wiederbelebungsversuche gelingen, hat man jedoch nicht. Aber die hat man bei diesem Hobby ohnehin nirgendwo.

Receiver mit CAS-Programmer bearbeiten

Als besonderes Feature erlaubt die Software CAS Studio auch das direkte Programmieren verschiedener Receiver. Ausgesuchte Geräte, wie etwa die Dreambox oder Boxen von Manhatten oder Nextwave, können ebenfalls programmiert werden. Diese Receiver können mit alternativer Software versehen werden.

Bild 10.22 Mit CAS Studio können auch verschiedene Receiver mit alternativer Software versehen werden

Reparatur-Modus des CAS-Programmers

CAS Studio bietet für einige Modultypen wie dem Dragon oder X-CAM eine Reparatur-Funktion an. In dieser Betriebsart können unzureichend funktionierende Module wieder aufgepäppelt werden. Wie wirkungsvoll dieses Feature ist, ist uns nicht bekannt. Da wir bislang noch keine Probleme mit unseren Modulen hatten, sahen wir keine Notwendigkeit, diesen Modus auszutesten.

Bild 10.23 CAS Studio bietet auch einen Reparatur-Modus, mit dem verschiedene CAMs wieder zum Leben erweckt werden können

10.3 Programmieren einer Cerebro-Karte

Mit modernen CAS-Programmern können nicht nur Module bearbeitet werden. Sie lassen auch das Beschreiben von Smartcards zu. Die Menüoberfläche variiert dabei je nach der zu programmierenden Karte. Äußerst einfach gestaltet sich das Beschreiben der Cerebro-Karte. Dazu ist im CAS Studio zuerst durch Anklicken des Menüs *Smartcards* in das Karten-Hauptmenü zu wechseln. Für jede Karten-type ist ein eigenes großes Icon vorgesehen. Zum Programmieren der Cerebro-Karte starten wir durch Anklicken des *Cerebro*-Buttons das *Cerebro*-Menü.

Die Cerebro-Programmer-Oberfläche gliedert sich im Wesentlichen in drei Teile. Als Blickfang dient ein großes Textfeld, im dem die bereits auf der Karte geschriebenen Daten aufgelistet sind. Links sind vier Buttons für die Programm-Funktionen angeordnet. Mit ihnen kann zum Beispiel der auf der Karte programmierte Inhalt ausgelesen werden. Drückt man auf *Löschen,* wird die Cerebro-Karte in den neutralen Zustand zurückgesetzt. Zum Beschreiben benötigt man lediglich ein geeignetes File aus dem Internet. Weitere Einstellungen sind nicht erforderlich. Nachdem der Schreibvorgang abgeschlossen wurde, kann das Programm mit Wahl des *Ende*-Icons geschlossen werden.

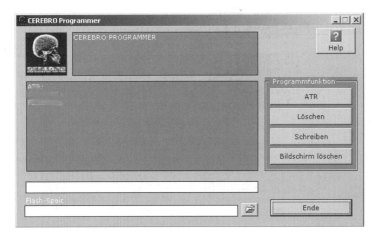

Bild 10.24 Menüoberfläche des *Cerebro-Programmers*.

Alternativ-Software: Cerebro-Loader

Der Cerebro-Loader ist eine unabhängige Software zum Beschreiben der Cerebro-Karten in einem anderen als dem CAS-Programmer. Seine Menüoberfläche wird von einem Symbol dominiert. An dessen unteren Ende sind zwei Buttons angebracht. Während des Programmiervorganges informiert am unteren Ende des Menüfensters eine Balkenanzeige über den Fortgang der Programmierung.

Misslingt das Beschreiben der Karte, dann vielleicht deshalb, weil etwa unter *Settings* (oben in der Menüleiste) der falsche COM-Port eingestellt ist.

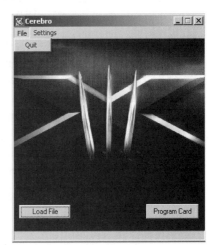

Bild 10.25 Der Cerebro-Loader ist eine sehr einfache Software zum Programmieren von Cerebro-Karten

10.4 AnacondaLoader-Software in der Praxis

Der AnacondaLoader ist ein kleines, modernes Programm, mit dem speziell aktuelle Anaconda-Karten beschrieben werden. Multifunktionelle Programmiergeräte wie etwa der nicht mehr ganz neue »MasterCRD 2« genügen für diese Anwendung vollauf.

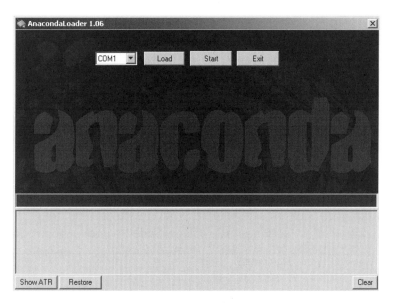

Bild 10.26 Der AnacondaLoader ist sehr einfach gegliedert. Nachdem der aktive COM-Port eingestellt wurde, können weitere Aktionen gesetzt werden

Der AnacondaLoader ist mehr als einfach struktuiert. In einem etwa 2/3 der Menüoberfläche einnehmenden Bild mit Anaconda-Schriftzug sind lediglich vier Buttons angeordnet. Mit ihnen lassen sich verschiedene Aktionen vornehmen. Damit die Software Verbindung zum Karten-Lesegerät aufbauen kann, ist zuerst der richtige COM-Port einzustellen. Mit dem AnacondaLoader kann man den ATR der Anaconda-Karte auslesen. Mit *Restore* wird die Karte in ihren ursprünglichen Zustand versetzt. Ein Balken zeigt den Prüffortgang an. Zusätzlich werden im grauen Feld Statusmeldungen eingeblendet. Nach erfolgreichem Check ist hier etwa *finished OK* zu lesen.

Bild 10.27 Die Anaconda-Software bietet das Auslesen des Karten-ATR an

Die Software benötigt jedenfalls eine serielle Verbindung. Hat der Rechner nur noch USB-Anschlüsse, wird ein sogenannter USB-zu-Seriell-Wandler benötigt. Er wandelt die USB-Signale des Programmiergeräts in serielle um. Der Treiber dieses Wandlers gibt einen COM-Port 4 aus.

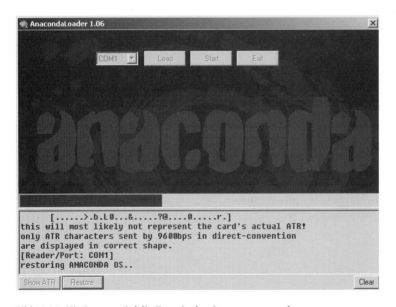

Bild 10.28 Mit *Restore* wird die Karte in den Ausgangszustand versetzt

Index